Les mystères romains

2. Les secrets de Pompéi

Les mystères romains

1. *Du sang sur la via Appia*
2. *Les secrets de Pompéi*

First published in Great Britain in 2001
by Orion Children's Books
a division of the Orion Publishing group Ltd
Orion House , Upper St Martin's lane
London WC2H 9EA

Titre original : *The secrets of Vesuvius*

ISBN : 2-7459-0678-X

CAROLINE LAWRENCE

Les mystères romains

2. Les secrets de Pompéi

Traduit de l'anglais par
Amélie Sarn-Cantin

MILAN POCHE
HISTOIRE

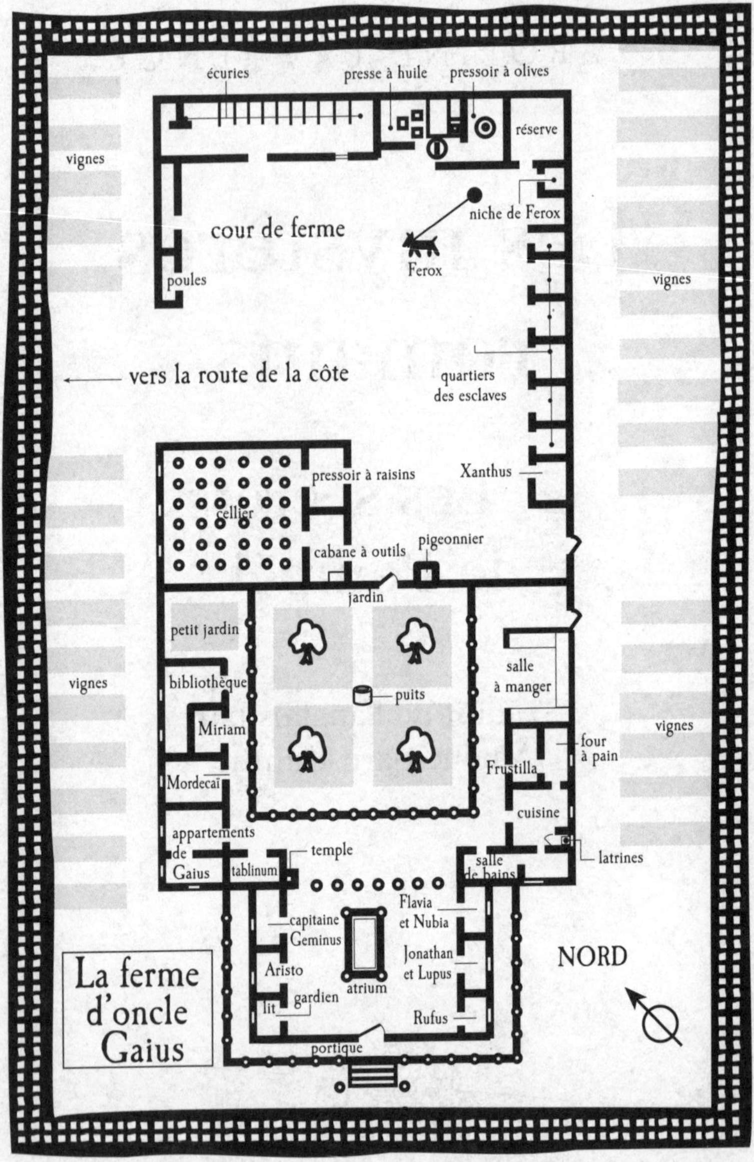
écuries
presse à huile
pressoir à olives
réserve
vignes
niche de Ferox
cour de ferme
Ferox
poules
vignes
vers la route de la côte
quartiers
des esclaves
Xanthus
pressoir à raisins
cellier
cabane à outils
pigeonnier
jardin
petit jardin
bibliothèque
vignes
puits
salle
à manger
Miriam
four
à pain
vignes
Mordecaï
Frustilla
cuisine
appartements
de
Gaius
tablinum
temple
salle
de bains
latrines
Flavia
et Nubia
capitaine
Geminus
Jonathan
et Lupus
NORD
Aristo
atrium
lit
gardien
Rufus
portique
La ferme
d'oncle
Gaius

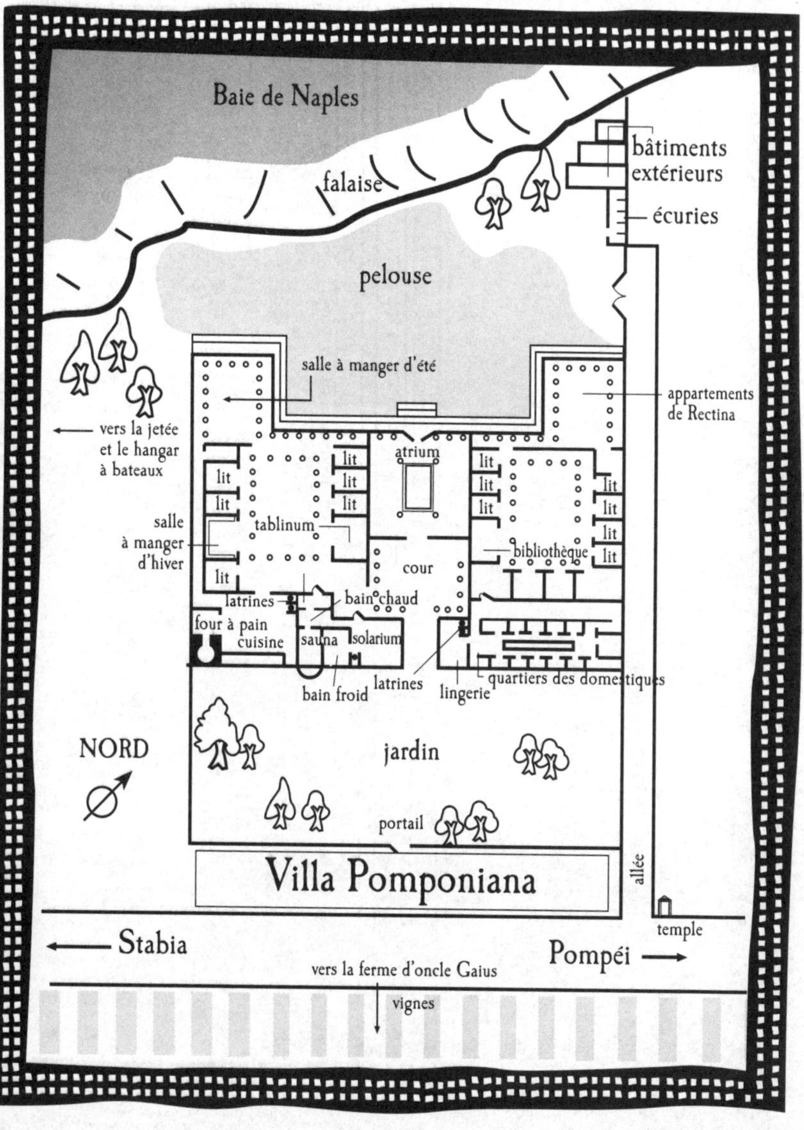
Baie de Naples
falaise
bâtiments extérieurs
écuries
pelouse
salle à manger d'été
appartements de Rectina
vers la jetée et le hangar à bateaux
lit
atrium
tablinum
salle à manger d'hiver
cour
bibliothèque
latrines
bain chaud
four à pain
cuisine
sauna
solarium
bain froid
latrines
lingerie
quartiers des domestiques
NORD
jardin
portail
Villa Pomponiana
allée
temple
Stabia
Pompéi
vers la ferme d'oncle Gaius
vignes

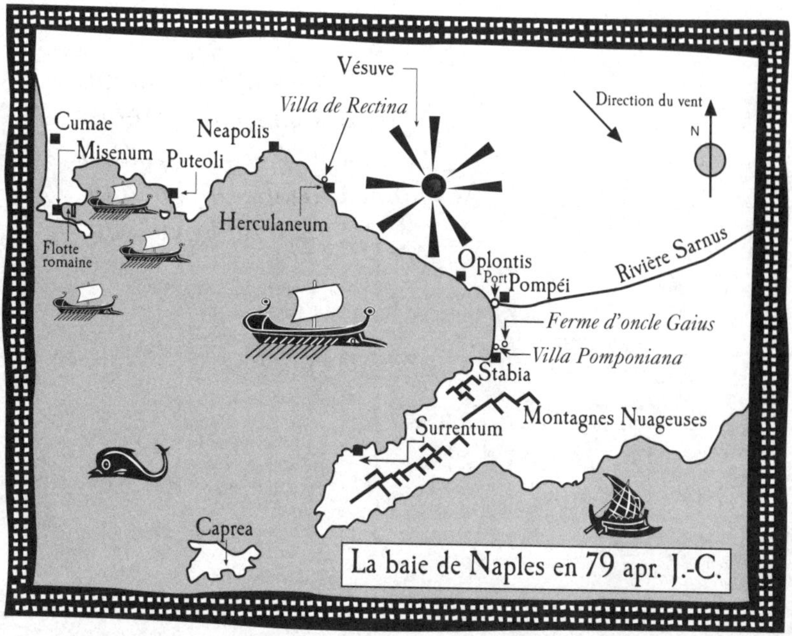
Vésuve
Villa de Rectina
Direction du vent
N
Cumae
Neapolis
Misenum
Puteoli
Herculaneum
Flotte
romaine
Oplontis
Port
Pompéi
Rivière Sarnus
Ferme d'oncle Gaius
Villa Pomponiana
Stabia
Montagnes Nuageuses
Surrentum
Caprea
La baie de Naples en 79 apr. J.-C.

À tous mes étudiants,
passés, présents et futurs
C. L.

À *Antoine Curial pour son aide,*
et à Ludo-Vulcain !
A. C.

ROULEAU I

– Jonathan, regarde ! s'écria Flavia[1] Gemina[2].

Jonathan ben Mordecaï[3], immergé jusqu'aux hanches dans le bleu de la mer Tyrrhénienne[4], ne vit pas l'affreuse créature qui émergeait des vagues près de lui.

– AAAAAHHH !

Le monstre saisit Jonathan par la taille.

– AÏE ! hurla Jonathan.

Mais entraîné sous l'eau par le monstre, il sentit sa bouche et ses narines se remplir d'eau salée. Un instant plus tard, la surface de l'eau miroitait paisiblement sous le chaud soleil estival. Flavia et Nubia, la jeune esclave*, étaient pétrifiées d'horreur.

Soudain Jonathan réapparut dans un éclaboussement d'eau et d'écume, cherchant à reprendre de l'air. Il cracha un jet d'eau de mer.

1. Nom féminin qui signifie « Jolie chevelure ».
2. Nom qui signifie « Jumelle ». Geminus et Gemini sont les mêmes mots, au masculin et au pluriel.
3. Nom hébreu.
4. Partie de la mer Méditerranée qui borde le sud de l'Italie
* Les mots ou groupes de mots suivis d'un astérisque sont expliqués en fin de volume.

– Lupus[1] ! Tu es fou ! Tu aurais pu me noyer !

Une autre silhouette surgit hors de l'eau en riant. C'était Lupus, le monstre marin, nu comme un ver. Il n'avait que huit ans mais Flavia poussa un petit cri en le voyant si peu vêtu et se cacha les yeux. Elle entendit Lupus nager dans les vagues pour revenir près de la plage.

Flavia attendit un peu avant d'ouvrir un œil.

Lupus nouait la cordelette de sa tunique[2].

Flavia ouvrit l'autre œil.

Jonathan s'approchait de Lupus en rampant, une poignée de sable mouillé à la main. Mais avant qu'il ait pu glisser le sable dans la tunique de Lupus, le jeune garçon avait fait volte-face et saisi son agresseur à bras-le-corps. Les deux enfants roulèrent sur le sable comme des lutteurs à la palestre[3].

Jonathan, plus grand, emporta la bataille. Il était assis sur le ventre de Lupus et lui maintenait les poignets dans le sable chaud. Lupus se débattit, mais malgré sa force, il ne parvint pas à se dégager.

– Ha ! triompha Jonathan. Achille[4] le guerrier a vaincu le féroce monstre marin. Supplie-moi de te laisser la vie sauve. Allez ! Dis *Pax*[5] !

1. Nom romain qui signifie « Loup ».
2. Vêtement qui ressemblait à un long T-shirt. Les tuniques portées par les enfants avaient en général les manches longues.
3. Salle d'exercice en plein air, en général dans les thermes publics.
4. Héros grec. Vainqueur de la guerre de Troie et fils de Thétis, la déesse de la mer.
5. Mot latin qui signifie « Paix ».

Flavia soupira et leva les yeux au ciel.

–Jonathan, tu sais pertinemment que Lupus ne peut pas parler. Il n'a pas de langue, comment pourrait-il te supplier ? Laisse-le partir.

–Non, insista Jonathan, pas de pitié s'il ne me supplie pas. Veux-tu que je t'accorde la vie ?

Les yeux verts de Lupus flamboyèrent. Il secoua la tête d'un air de défi et essaya une fois encore de se libérer.

–Alors tu seras puni !

Jonathan laissa une bulle de salive couler de sa bouche... juste au-dessus du visage de Lupus.

Dégoûté, Lupus regarda le crachat brillant. Flavia et Nubia poussèrent un cri. Soudain, une créature au pelage trempé se jeta sur Jonathan en aboyant joyeusement.

–Scuto ! rit Jonathan.

Il tomba à la renverse et le chien lui lécha le visage avec application. Deux chiots tout mouillés tremblaient près de Scuto.

Scuto attendit que les quatre amis se soient regroupés autour de lui. Puis, il se secoua vigoureusement. Les chiots l'imitèrent aussitôt, agitant leur tout petit corps de la tête au bout de la queue.

–*En*[1], protesta Nubia, regarde ! Ma nouvelle tunique est tout éclaboussée.

1. Mot latin qui signifie « Regardez ! »

Jonathan éclata de rire.

– Je crois, Nubia, que nous t'avons fait lire trop de poésie latine.

Flavia jeta un œil à sa propre tunique, elle aussi constellée de gouttes d'eau salée.

– Eh bien, il ne reste plus qu'une chose à faire.

Elle courut vers l'eau en criant, et se jeta dans les vagues avec sa tunique. Les trois autres, hurlant de joie, la suivirent.

Pendant quelques instants, ils s'éclaboussèrent et jouèrent avec l'eau. Puis Lupus donna aux trois autres leur leçon de natation quotidienne. Il leur montra les mouvements, comment ils devaient étirer leurs bras et bouger les jambes comme une grenouille. Nubia, qui avait grandi dans le désert africain où l'eau était rare et précieuse, avait d'abord été fort intimidée par la mer. Maintenant, elle adorait nager. Les progrès de Jonathan étaient réguliers, mais Flavia n'arrivait pas à coordonner ses bras et ses jambes.

Ils sortirent enfin de l'eau et, essoufflés, se laissèrent tomber dans les dunes. Ils fermèrent les yeux et laissèrent le soleil d'août les sécher. La brise qui venait de la mer caressait délicieusement leurs corps. Scuto et les chiots, Nipur et Tigris, s'allongèrent sur le sable, langue pendante.

Quand elle eut repris son souffle, Flavia se cala sur un coude et observa la plage du coin de l'œil. Sextus, un des marins de son père, somnolait sous le parasol en papyrus[1], prévu à l'origine pour elle et Nubia.

Avoir leur propre garde du corps n'était pas tout à fait un luxe. Quelques semaines plus tôt, Flavia et ses amis avaient échappé de justesse à Venalicius, le marchand d'esclaves. S'il les avait attrapés, il aurait pu les emmener n'importe où en Méditerranée, et les vendre comme esclaves ; personne ne les aurait jamais retrouvés. Mais Sextus montait la garde, et pour le moment, ils étaient en sécurité.

Flavia se recoucha sur le sable et admira les mouettes qui tournoyaient dans le ciel bleu. Ses lèvres avaient goût de sel. Les vagues murmuraient en mourant sur le sable. Ses amis étaient allongés près d'elle, les chiens dormaient à ses pieds.

Flavia Gemina ferma les paupières et soupira. Elle aurait voulu que tous les jours ressemblent à celui-ci. Mais son père avait décidé qu'Ostia[2] n'était pas un endroit sûr pour passer le reste de l'été. Après-demain, ils prendraient le bateau pour aller à la ferme de son oncle, à Pompéi[3].

Quel dommage ! Oh, ils y seraient en sécurité, c'est vrai ! Mais comme ils s'ennuieraient !

Flavia poussa un nouveau soupir.

1. Matière fabriquée à partir d'une plante égyptienne utilisée pour confectionner des objets de vannerie, et aussi des feuilles pour écrire.
2. Port de Rome et ville natale de Flavia Gemina.
3. Ville côtière prospère au sud de Rome dans la baie de Neapolis.

Elle avait adoré jouer les détectives. N'avait-elle pas, avec l'aide de ses amis réussi à piéger le tueur de chiens d'Ostia ? Elle avait envie de résoudre de nouvelles énigmes. Et Ostia était justement une ville pleine de mystères. Une petite fille de neuf ans, nommée Sapphira, avait disparu depuis quelques mois. Et puis, il y avait toujours d'étranges étrangers qui rôdaient près du port, dans l'espoir de trouver rapidement un bateau afin de fuir l'Italie. Quand on vivait dans un port aussi animé que celui d'Ostia, on devait garder tous les sens en alerte.

– Qu'est-ce que tu as Jonathan, pourquoi tu me secoues comme ça ?

– Tu ronflais, répliqua Jonathan, et puis je crois que quelqu'un a besoin d'aide.

Flavia s'assit et se frotta les yeux.

Au loin, sur la mer qui miroitait, elle aperçut la coque retournée d'une barque. Une minuscule silhouette s'y accrochait en appelant désespérément au secours.

ROULEAU II

Les quatre enfants se dressèrent d'un bond.

– Sextus, appela Nubia, un bateau s'est retourné !

– Vite Sextus, dépêche-toi ! cria Flavia.

Le gros garde du corps se leva précipitamment et regarda vers l'horizon.

Les trois chiens aboyèrent en bondissant autour du marin. Il était bronzé et musclé, il n'aurait pas été si laid s'il n'avait pas perdu la plupart de ses dents.

– Quoi ? Où ça ?

Les enfants montrèrent le bateau du doigt.

Très rapidement, Sextus prit la situation en main. Jurant à mi-voix, il ôta sa tunique, sauta dans l'eau et nagea de toutes ses forces vers le bateau.

Les vagues léchaient les pieds de Lupus. Il hésita un instant, puis ôta sa tunique.

Ses amis essayèrent de le retenir :

– Lupus, non, c'est trop loin !

Ignorant leurs cris, Lupus plongea dans les vagues et nagea à la suite de Sextus.

Flavia eut l'impression que Sextus mettait des siècles à s'approcher du bateau. Elle poussa un soupir de soulagement quand Lupus parvint enfin à le rejoindre. Mais au lieu de faire demi-tour immédiatement, les trois silhouettes restèrent près de l'embarcation. Leurs têtes disparaissaient et réapparaissaient.

– Qu'est-ce qu'ils font ? s'inquiéta Jonathan.

Puis ils commencèrent à revenir vers la plage. Mais Flavia et ses amis n'apercevaient que deux têtes. La troisième finit par émerger des vagues, elle avançait beaucoup plus lentement qu'à l'aller.

Nubia saisit le bras de Flavia avec anxiété :

– Lupus fatigue !

– Il semble épuisé, ajouta Flavia.

– J'ai une idée, lança Jonathan, je vais courir jusqu'à la marina et louer une litière pour les ramener à la maison. Papa les soignera.

– Tu as raison, approuva Flavia, mais tu oublies que tu as de l'asthme. Je vais y aller. Je cours plus vite.

En voyant la déception sur le visage de Jonathan, elle lui posa une main sur l'épaule pour le consoler.

– Tu restes pour veiller sur Nubia. Scuto me protégera.

Les pieds nus de Flavia s'enfonçaient à peine dans le sable mouillé. Elle avait oublié ses sandales dans les dunes, mais il était maintenant trop tard pour retourner les chercher. Scuto courait à ses côtés, la langue pendante. Elle arriva rapidement en vue de la marina où étaient amarrés des bateaux de pêche et des petits navires marchands.

Son cœur battait la chamade quand elle quitta les dunes, dépassa la synagogue, et remonta le long des quais. Une passerelle de bois séparait les entrepôts et les temples de la marina. En courant sur la jetée, Flavia vérifia que le *Vespa*, le bateau détesté de Venalicius le marchand d'esclaves, n'était pas en vue. Venalicius et son équipage devaient être partis pour Delos ou une autre plaque tournante du commerce d'humains.

Il y avait foule près de la porte de la marina. Flavia glissa un doigt dans le collier de Scuto et se faufila entre les marins, les marchands, les soldats et les esclaves. Elle avait besoin d'une litière et rapidement. Il y en avait souvent une ou deux à louer sous l'arche de la porte. Les porteurs proposaient le tour d'Ostia pour un ou deux sesterces[1].

Elle tenait sa bourse serrée dans sa main gauche. Dans cette foule, il pouvait y avoir des voleurs partout.

Elle finit par repérer une litière, à l'ombre, près de la porte de la marina. À côté, deux jeunes hommes

1. Pièces d'argent. Un sesterce équivaut à peu près à une journée de salaire.

musclés déchiraient à belles dents des brochettes de viande dégoulinantes de graisse.

Elle s'arrêta devant eux, essoufflée.

– C'est combien... pour louer une charrette... pour une demi-heure.

– Tu veux faire un tour, poulette ? sourit un des hommes.

Ses oreilles ressemblaient à des brocolis.

– Un bateau s'est retourné, reprit Flavia qui n'avait pas encore retrouvé sa respiration, mes amis sont allés sauver le rescapé... Combien pour l'emmener... dans une maison près de la porte Laurentum[1].

Elle agita son porte-monnaie.

– Quatre sesterces, ma jolie, répondit l'autre homme dont le nez avait la forme d'un navet. Je te fais un prix parce que c'est pour une bonne cause.

– Et aussi parce qu'on n'a pas eu un client de la matinée, marmonna Oreilles-de-brocolis.

Puis il jeta son dernier morceau de viande à Scuto.

Flavia et les deux porteurs de litière n'étaient plus qu'à quelques pas de la plage quand Sextus sortit de l'eau et tira sur la plage un homme corpulent.

Aboyant de toutes ses forces, Scuto courut vers le groupe. À l'approche du chien, le gros homme

1. Petite ville sur la côte italienne, à quelques milles au sud d'Ostia.

s'assit brusquement dans le sable. Scuto battait vigoureusement la queue. Il lécha le visage de l'homme avant de revenir vers Jonathan et Nubia.

–Vous arrivez juste à temps, cria Jonathan en courant vers Flavia, ses lèvres sont bleues. Nous devons l'envelopper dans une couverture et l'amener à mon père aussi rapidement que possible.

Oreilles-de-brocolis et Nez-de-navet connaissaient leur travail. Ils soulevèrent l'homme et l'installèrent dans la litière. Il avait la peau bronzée et il ne lui restait qu'une couronne de cheveux blancs autour de son crâne lisse. Sa respiration était sifflante comme celle de Jonathan quand il faisait une crise d'asthme. Flavia aida les porteurs à l'envelopper dans une couverture d'un vert délavé, et remarqua qu'il portait une grosse bague en or.

–Tu veux qu'on ferme les rideaux ou qu'on les laisse ouverts, poulette ? demanda Nez-de-navet.

–Ouverts, répondit Flavia, nous devons surveiller son état.

–Attendez, bégaya l'homme.

Il parlait pour la première fois.

–Où est mon sac ?

Sa voix était aiguë et prête à se briser.

–Il a beaucoup insisté pour qu'on le prenne, expliqua Sextus. C'est Lupus qui l'a.

Flavia regarda Nubia aider Lupus à sortir de l'eau. Les jambes tremblantes, le garçon avança vers la litière en brandissant un sac en cuir ciré, trempé.

L'homme était à présent confortablement adossé contre les coussins. Il saisit le sac avec précipitation.

– Merci, merci, lâcha-t-il de sa voix essoufflée. C'est tout ce qui comptait.

Il plongea la main dans son sac. Chacun attendait pour voir quel trésor il allait en sortir.

C'était une tablette de cire et un stylet[1]. L'homme poussa un grognement de satisfaction, ouvrit la tablette et la secoua pour l'égoutter. Puis il se mit à écrire. Les autres ne le quittaient pas des yeux. Après quelques minutes, il les regarda à son tour.

– Hé bien, qu'attendons-nous ? lança-t-il gaiement. En avant porteurs, quel que soit l'endroit où vous me mènerez !

– Ça y est ! s'écria soudain Flavia. Je sais qui vous êtes !

1. Objet de métal ou d'ivoire, qui servait à écrire sur les tablettes de cire.

ROULEAU III

– Vous êtes Pline[1] ! L'auteur de l'*Histoire naturelle*.

– Oui, oui, c'est vrai. Mais comment le savez-vous ?

– Eh bien... commença Flavia.

Elle s'interrompit et jeta un œil à Lupus grelottant et trempé.

– Est-ce que Lupus peut partager votre litière ?

– Bien sûr, bien sûr !

Pline fit signe aux porteurs qui aidèrent le garçon à s'allonger dans la litière. Ils l'installèrent sur des coussins, face à Pline. Puis Oreilles-de-brocolis saisit les deux barres à l'avant et Nez-de-navet celles de l'arrière. Dès qu'ils eurent trouvé leur équilibre, les deux hommes commencèrent à avancer.

– Expliquez-moi comment vous avez deviné mon identité, demanda Pline à Flavia, en fermant sa tablette de cire.

1. Noble romain, amiral et écrivain. De son nom complet : Gaïus Plinus Secundus.

Elle devait trottiner à ses côtés pour ne pas le perdre de vue.

– Vous vous êtes assis sur le sable quand Scuto s'est approché de vous. Dans le volume huit, vous expliquez que le meilleur moyen d'éviter qu'un chien vous attaque est de s'asseoir par terre.

– Tu as lu le volume huit de mon livre ?

Flavia sourit timidement :

– Oui, je les ai tous ! reconnut-elle. C'est un grand honneur de vous rencontrer, monsieur. Je m'appelle Flavia Gemina, fille du capitaine Marcus Flavius Geminus.

– C'est un honneur pour moi de te rencontrer, Flavia Gemina, répondit Pline, mais je ne suis pas la seule personne qui s'assoit quand un chien le menace. Tu dois avoir d'autres indices.

– Je sais que l'auteur de l'*Histoire naturelle* est amiral et qu'il vit sur la côte. Votre visage est bronzé, ce qui prouve que vous avez passé beaucoup de temps au soleil, mais vos mains sont lisses et tachées d'encre, comme celle d'un érudit. Et votre bague m'a appris que vous étiez riche et issu d'une grande famille.

Flavia prit une inspiration et continua :

– J'ai aussi entendu dire qu'une baleine tueuse rôdait dans le port, hier. Vous avez écrit un livre de biologie, ce qui explique pourquoi vous étiez dans un bateau avec une tablette de cire et un stylet.

La plupart des arguments de Flavia lui venaient au fur et à mesure de ses paroles, mais le vieil homme l'encourageait du regard.

–Et de plus, proclama-t-elle avec emphase, je pense que la baleine s'est approchée de votre bateau et l'a retourné avec sa queue !

–Extraordinaire ! s'exclama Pline en applaudissant. Quel incroyable sens de la déduction. Cependant, vous vous trompez sur la cause de mon accident. Nous n'avons pas vu la baleine, mais mon imbécile d'esclave a paniqué quand une guêpe s'est approchée de lui. Il s'est mis debout dans le bateau en agitant les bras ! Ce qui devait arriver est arrivé. J'ai peur qu'il n'ait payé bien cher sa peur d'être piqué. Je n'aurai jamais dû choisir un simple esclave de maison pour m'accompagner.

–Vous voulez dire que votre esclave est mort ? s'étrangla Jonathan qui trottinait de l'autre côté de la litière.

–En effet, j'ai bien peur qu'il ne gise à présent au fond de la mer Tyrrhénienne. Mais qui êtes-vous jeune homme et où me menez-vous ?

–Je m'appelle Jonathan ben Mordecaï, mon père est médecin. Il vous aidera à retrouver la forme.

–Ah ! lança l'amiral, un juif ! Les juifs sont des médecins extraordinaires. J'ai hâte de le rencontrer. Ceci dit, je ne pense pas avoir de problème qu'une coupe de vin* et un morceau de fromage ne peuvent résoudre. J'étais sur mon bateau deux heures après le lever du soleil, je suis plus sec qu'un raisin sec et parfaitement affamé.

–Je suis sûr que mon père aura du vin, assura Jonathan avant d'ajouter, moi aussi, j'ai lu quelques-uns de vos livres.

–Comme je suis flatté ! Me voilà entouré d'admirateurs ! Et vous jeune demoiselle, vous êtes-vous également régalée de mes écrits ?

Cette dernière question s'adressait à Nubia, qui sourit timidement et prit un air un peu effrayé.

–Nubia n'est en Italie que depuis deux mois, expliqua Flavia. Elle apprend le latin, mais ne le lit pas encore.

–Et vous, jeune homme, courageux héros aquatique qui avez sauvé mes précieuses tablettes et mes notes, comment vous appelez-vous ?

–Il s'appelle Lupus, s'empressa de répondre Jonathan. Il est orphelin et il ne peut pas parler. On lui a coupé la langue.

–Pauvre garçon, le plaignit Pline. Comment est-ce arrivé ?

Le sourire de Lupus s'effaça immédiatement de son visage et il fixa froidement l'amiral de ses yeux verts. Le regard joyeux de Pline s'altéra et il se tourna, un peu inquiet, vers Flavia.

–Nous ne savons pas comment Lupus a perdu sa langue, murmura-t-elle, il vit chez Jonathan maintenant et prend des cours avec lui. Nous espérons qu'un jour il pourra nous le raconter en écrivant. Mais il déteste que l'on aborde ce sujet.

Ils passèrent la porte de la marina. Le soleil était éclatant. Ils tournèrent à droite et franchirent les portes de la ville. Pour beaucoup de gens, il était l'heure de rentrer ou de se rendre dans une auberge pour le repas de midi, mais la rue était toujours aussi bondée.

Le visage de Lupus s'éclaira à nouveau et il sourit à tous ces mortels insignifiants qui devaient aller à pied. Soudain, il se mit à brailler comme un coq pour attirer l'attention de deux garçons en guenilles qui traînaient devant une taverne. En le voyant, ils poussèrent des cris de surprise :

– Lupus dans une litière !

– Est-ce que t'es devenu riche ?

Lupus leur jeta un regard suffisant et leva le menton, parodiant un homme riche. Un des garçons prit une laitue pourrie sur un étal et la jeta vers la litière. L'écœurant projectile atteignit Jonathan dans le dos. Il se retourna, furieux :

– Hé !

Mais les deux garçons avaient déjà détalé.

– Peut-être devrions-nous fermer les rideaux maintenant, proposa Pline à Flavia.

Lupus saisit la cheville de Pline en lui jetant un regard implorant.

– Parfait, accepta Pline, mais si tu es dans une litière, tu dois te comporter dignement et non pas interpeller grossièrement tes camarades.

Lupus baissa humblement les paupières et se comporta correctement pendant tout le reste du trajet.

– C'était délicieux, apprécia Pline en se frottant l'estomac. Je vous suis extrêmement reconnaissant. Je vous dois beaucoup : vous m'avez sauvé la vie, mais encore plus important vous m'avez donné à manger ; je déteste sauter un repas.

Ils s'étaient installés dans le triniclium frais de la maison de Flavia : les adultes allongés sur les divans, Flavia et ses amis autour de la table au milieu de la pièce. La salle à manger donnait sur le jardin intérieur, son figuier, sa fontaine et ses fleurs odorantes.

Le père de Flavia était à la droite de Pline. Marcus Flavius Geminus était un petit homme au teint mat. Ses cheveux châtains et ses yeux gris clair faisaient immanquablement penser à Flavia. Il resservit une coupe de vin à l'amiral. Sa main tremblait nerveusement. Il avait peine à croire qu'il devisait naturellement avec le commandant en chef de la flotte impériale.

Pline remercia le père de Flavia et se tourna vers Mordecaï, qui était allongé à sa gauche.

– Merci d'avoir pris soin de moi, docteur.

Mordecaï inclina sa tête surmontée d'un turban.

– Je n'ai eu qu'à prescrire un peu de thé à la menthe et un repas léger pour vous remettre sur pied.

–Et c'était très efficace. Particulièrement ce vin délicieux.

Pline leva sa coupe vers le capitaine Geminus.

–Vient-il de la région du Vésuve* ?

–Oui, en effet.

Le père de Flavia était impressionné.

–Mon frère Gaïus possède une propriété près de Pompéi, ce vin provient de ses vignes.

–Je connais très bien cette région. Je me rends d'ailleurs à Misenum[1] dans moins d'une semaine.

Pline plia sa serviette et sourit.

–Il me plairait beaucoup de rester à discuter en votre compagnie mais je dois rentrer. Ma maisonnée va commencer à s'inquiéter et je suis un homme très occupé. Cependant, me serait-il possible d'inviter les quatre enfants à dîner à ma villa de Laurentum demain soir ?

–Oh oui ! s'exclama Flavia en rougissant de plaisir.

–Parfait, conclut l'amiral, je vous enverrai mon équipage à la neuvième heure*. J'ai déjà remercié votre garde du corps de m'avoir sauvé mais j'aimerais vous offrir également une petite récompense.

1. Principal port de guerre de la flotte romaine, situé près du grand port de Puteoli, au nord de la baie de Neapolis.

ROULEAU IV

L'après-midi suivant, peu de temps après que les quatre enfants furent revenus des bains, une carruca[1] à deux chevaux s'arrêta devant la maison de Flavia.

Seuls quelques milles[2] séparaient Ostia de Laurentum. Le chemin côtier était d'ailleurs fort agréable. À peine une heure après leur départ d'Ostia, le char s'engagea sur les graviers de l'allée de la villa de Pline. Un esclave-gardien les accueillit sur les marches d'une villa de couleur jaune et les conduisit à travers des chambres fraîches et des patios ensoleillés, jusqu'à une salle à manger où soufflait une douce brise.

Flavia et ses amis regardaient autour d'eux, avec surprise.

La pièce dans laquelle ils se trouvaient était entourée d'eau des trois côtés. Seul un muret et des colonnes en spirale les séparaient de la Méditerranée. Jonathan et Lupus se dirigèrent immédiatement vers le parapet de marbre et se penchèrent en avant.

1. Attelage à quatre roues, en général couvert.
2. Unité de longueur qui vaut 1 000 pas, soit 1 481,5 m.

– Attention, les prévint l'amiral, en entrant dans la pièce, nous sommes juste au-dessus de la mer.

Les enfants le saluèrent en chœur :

– Salve[1] !

Pline leur rendit leur salut.

– Cette pièce est magnifique souffla Nubia.

– C'est un triclinium très agréable, n'est-ce pas ?

Pline était vêtu d'une tunique d'un rouge délavé et de pantoufles de cuir. Il tenait une tablette de cire à la main.

– Quand le vent vient du sud-ouest, on peut sentir le souffle des vagues.

– Et quelle vue ! s'émerveilla Flavia en montrant le chemin qu'ils avaient emprunté pour venir.

Un esclave ouvrit la porte d'entrée à doubles battants. L'allée de gravier et la forêt s'étalèrent sous leurs yeux.

– C'est la plus belle villa que j'aie jamais vue ! affirma Jonathan.

Lupus approuva vigoureusement.

Pline sourit.

– Mon seul problème est qu'il n'y a pas d'aqueduc pour nous alimenter en eau douce. Ce qui représente un surplus de travail pour les esclaves. Mais heureusement la propriété possède de nombreux puits et beaucoup de sources.

– Vous possédez des thermes* privés ?

1. Mot latin qui signifie « Bonjour ».

Jonathan en restait bouche bée.

– Oui, bien sûr. Un sauna, un bassin d'eau froide, une piscine chauffée... Je ne pourrai pas vivre sans mes thermes.

Un bel esclave, vêtu d'une tunique rouge, entra précipitamment dans la pièce. Un encrier de scribe était accroché autour de son cou par une chaîne.

– Ah Phrixus, tu arrives juste à temps !

L'amiral Pline se tourna vers Flavia et ses amis.

– Asseyez-vous, je vous en prie.

Il désigna la table dressée pour cinq personnes.

– Je préfère m'asseoir pour prendre mes repas plutôt que de m'allonger. Un esclave me fait en général la lecture pendant que je mange et il est plus aisé de prendre des notes en étant assis.

Deux femmes-esclaves, vêtues de bleu, pieds nus, pénétrèrent dans la salle à manger ensoleillée. Elles portaient des bassins d'argent et des serviettes de lin, pour permettre aux convives de se laver les mains. Dans l'ombre d'une colonne, un jeune garçon blond en tunique rouge jouait de la flûte de pan.

La nourriture était simple et délicieuse : des œufs durs en entrée, du poulet et de la salade comme plat principal et des pommes rouges sucrées pour le dessert. Les deux esclaves remplissaient les coupes de vin coupé d'eau dès qu'elles se vidaient et tendaient des petits pains faits de la farine la plus fine.

Pendant que les enfants mangeaient, Pline leur raconta des anecdotes amusantes sur l'empereur

Vespasien[1], dont il avait été l'ami. De temps en temps, il se tournait vers son scribe et lui dictait quelques lignes. La peau du jeune esclave était lisse et mate, ses cheveux noirs et bouclés. Il ressemblait à Aristo, le tuteur de Flavia, mais avec des cheveux plus foncés.

Ils terminaient leur pomme quand Pline se renversa contre le dossier de sa chaise.

– Flavia Gemina, j'ai appris que tu avais récemment résolu le mystère du tueur de chiens d'Ostia.

– Comment le savez-vous ? s'étonna Flavia en rougissant.

– Eh bien, les énigmes sont mon domaine de prédilection.

L'amiral cligna des yeux et ajouta :

– Je connais très bien le jeune magistrat d'Ostia. Il a été très impressionné par ton travail d'enquête. J'aimerais que tu me racontes un peu.

Une brise tiède soufflait dans leurs cheveux et leurs vêtements.

– Eh bien, je n'aurais rien pu faire sans mes amis.

Pour la première fois de la soirée, Pline oublia son scribe et leur accorda toute son attention. Ses yeux brillaient à l'écoute du récit de Flavia et Jonathan. Il rit aux bruitages de Lupus et après beaucoup d'encouragements, Nubia accepta

1. Empereur romain (69-79 après J.-C.).

d'entonner la chanson des chiens qu'elle tenait de son père. Pline écrasa une larme ;

– Extraordinaire ! apprécia-t-il. Vous êtes des enfants incroyables.

Il jeta un coup d'œil vers son scribe et Flavia pensa qu'il allait lui dicter un résumé de l'histoire. En fait, l'esclave disparut en silence et revint quelques instants plus tard, avec trois petites bourses et un rouleau* de papyrus.

– Merci Phrixus.

Pline regarda les enfants l'un après l'autre.

– Je vous ai promis une récompense pour m'avoir sauvé et j'espère que mes modestes présents ne vous décevront pas. D'abord, pour toi, Lupus, le courageux nageur qui a sauvé mes précieux écrits…

Pline adressa un signe de tête à Phrixus qui présenta à Lupus une petite bourse de soie bleue.

Lupus l'ouvrit avec hâte et en sortit le contenu. Un anneau d'or, enchâssé d'une aigue-marine gravée, tomba dans la paume de sa main.

– Qu'est-ce que c'est ? demanda Flavia.

– C'est un sceau, expliqua l'amiral. Un loup est gravé sur la pierre. C'est parfait pour une personne dont le nom signifie Loup.

Lupus mit la bague autour de son doigt. Tout le monde admira la tête de loup miniature, inscrite dans la pierre. Le jeune garçon jeta un regard brillant à Pline et inclina la tête en signe de respect.

–C’est moi qui dois te remercier, dit Pline d’une voix émue. À présent, passons à Nubia à la peau sombre. Capturée dans le désert, tu fais courageusement face à l’avenir, étrangère dans un étrange pays.

Phrixus présenta à Nubia, une petite bourse de soie orange. Elle contenait une paire de boucles d’oreilles en or, serties de pierres brunes.

–Ces pierres sont appelées « Œil de Tigre », précisa l’amiral, parce que leur reflet fait penser à un œil de chat.

Nubia mit les boucles d’oreilles.

–Merci, monsieur.

Les bijoux brillaient sur sa peau sombre et s’accordaient parfaitement à la couleur de ses yeux.

–Jonathan, poursuivit Pline, j’ai compris que comme moi, tu souffrais d’asthme.

Phrixus tendit à Jonathan une petite bourse de cuir, nouée d’un ruban de soie noir.

–Dans cette bourse, se trouve une herbe exotique et rare. Cette herbe m’a soulagé en maintes occasions. Porte-la toujours autour de ton cou. Quand tu commences à sentir la douleur dans ta poitrine, respires-en le contenu un grand coup.

–Merci amiral.

–Et maintenant, je termine par toi, ma chère.

Pline sourit à Flavia.

–Ce présent va, je l’espère, stimuler ton esprit de déduction.

Phrixus donna à Flavia un rouleau de papyrus, fermé par un ruban bleu. Flavia le dénoua et Pline lui expliqua :

– C'est un travail que je n'ai pas achevé, je l'ai écrit de ma propre main quand j'étais plus jeune. C'est un court rapport d'un certain nombre de mystères du passé. Je voulais l'inclure en appendice dans mon prochain livre *L'Érudit*, mais je préfère te l'offrir.

Les yeux écarquillés, Flavia déroula précautionneusement le rouleau. Une écriture minuscule couvrait le parchemin.

– Merci, souffla-t-elle, merci. J'adore les mystères.

L'amiral parut se perdre dans ses pensées et se gratta soudain vigoureusement le menton :

– Je crois que j'ai un vrai mystère pour toi. Tu m'as dit que tu te rendais bientôt dans la région de Pompéi ?

– Oui, mon oncle Gaïus vit entre Stabia[1] et Pompéi.

– Parfait, s'exclama l'amiral, Phrixus, peux-tu me donner…

Mais l'esclave tendait déjà à son maître un morceau de papyrus.

– Tu es merveilleux Phrixus, le félicita Pline en souriant. Tu anticipes le moindre de mes souhaits.

1. Ville située au nord de Pompéi.

S'il te plaît donne ce papyrus à notre jeune détective.

Flavia prit le papyrus et commença à le lire. Puis, elle leva les yeux vers Pline, les sourcils froncés.

–Ce n'est qu'une devinette. Une devinette pour les enfants.

–Oui, approuva Pline, mais elle peut te mener à un grand trésor.

ROULEAU V

–Lis-nous la devinette, demanda Jonathan en s'appuyant contre le dossier de sa chaise.

–*Littera prima obstupefacit, secunda iubet, tertia mittit, quarta ostendere, et litera quinta gaudet*, lut Flavia. Ma première lettre surprend, ma deuxième ordonne, ma troisième envoie, ma quatrième montre et ma cinquième lettre redonne la joie.

Flavia fronça les sourcils.

–Je connais ce genre d'énigme, s'écria Jonathan, Quand tu as deviné toutes les lettres, elles écrivent un mot. Et je crois que j'ai trouvé la première lettre. Celle qui surprend doit être le A. Prononcé « Ah ? », c'est ce que l'on dit quand on est étonné. Tu peux me passer le papyrus ?

Flavia tendit le rouleau à Jonathan.

–Vous connaissez la réponse, amiral Pline ? demanda-t-elle.

L'amiral secoua la tête.

–Non. Cette devinette est en fait une espèce de graffiti que j'ai trouvé, il y a environ un mois, sur le mur d'une forge de Pompéi. Le jeune artisan était en train de réparer la roue de mon char. En me voyant lire, il m'a assuré que la réponse à cette devinette me guiderait vers un grand, très grand trésor. « Un trésor plus précieux que tout ce que vous pouvez imaginer. » Voilà exactement les mots qu'il a prononcés.

Pline reprit le papyrus à Jonathan et l'étudia avec attention.

– J'aimerais beaucoup connaître la réponse à cette devinette. Ce forgeron était spécial. J'y suis retourné la semaine suivante. Je voulais lui parler, mais il n'était plus là. Si vous le retrouvez, ou si vous parvenez à résoudre cette énigme, envoyez-moi un messager à cette adresse à Misenum. C'est là que je serai après le festival de Jove.

L'amiral tendit le papyrus à Phrixus. Le scribe trempa sa plume dans l'encrier qu'il portait autour du cou et écrivit l'adresse au dos du rouleau.

Pline souffla sur l'encre et secoua le papyrus.

– Voyez-vous, c'est un mystère en deux parties. Résoudre l'énigme et retrouver le forgeron.

– Est-ce que par hasard vous connaissez... commença Jonathan.

– Le nom du forgeron ?

Pline, souriant, se leva de sa chaise.

– Oui, il s'appelle Vulcain[1]. Un nom fort approprié pour un forgeron !

1. Le dieu forgeron, fils de Jupiter et de Junon et époux de Vénus.

–Vulcain ? interrogea Nubia.

–C'est le dieu des forgerons et des tous les gens qui travaillent le métal, expliqua Flavia.

Deux jours plus tard, Flavia et Jonathan étaient allongés sur le ponton ensoleillé d'un bateau, les yeux tournés vers le ciel bleu et la voile tendue. Le *Myrtilla*, le bateau de marchandises du capitaine Geminus, se dressait et retombait au rythme des vagues. On avait presque l'impression qu'il était vivant.

Une forte brise gonflait la voile et, depuis son départ, le *Myrtilla* traçait son chemin d'écume dans la mer couleur saphir. La veille au soir, le capitaine avait décidé de mouiller dans une crique et ils avaient passé la nuit sur une plage sous un ciel constellé de milliers d'étoiles.

Sept passagers étaient à bord : Flavia et ses trois amis, Mordecaï, le père de Jonathan, Miriam, sa sœur et le jeune tuteur grec de Flavia, Aristo.

Le père de Flavia, propriétaire et capitaine du bateau, tenait la barre. De temps en temps, il aboyait un ordre à ses quatre membres d'équipage : les frères phéniciens Quartus, Quintus et Sextus et un Éthiopien du nom d'Ebenus.

–Nubia semble avoir vaincu sa peur des bateaux, remarqua Jonathan.

Nubia et Lupus étaient perchés sur le gréement. Le matin, ils avaient vu un des Phéniciens grimper au mât et l'avaient imité, agiles comme des singes. À présent, Nubia jouait de sa flûte en bois de lotus et Lupus battait la mesure contre le mât. Leur musique semblait porter le bateau.

Mordecaï et Aristo étaient installés dans la cabine et discutaient. Pour leur propre sécurité, Scuto et les chiots avaient été enfermés dans une cage de bois, dont le fond était couvert de paille. Ils ne s'amusaient pas vraiment et regardaient leurs maîtres d'un œil mauvais. Miriam était seule à la proue du navire. Quand elle se penchait en avant, le vent agitait ses cheveux bouclés et faisait battre son manteau violet.

– Lisons à nouveau la devinette de Pline, proposa Flavia. Tu penses que la première lettre est un A, le son de la surprise. Mais après ?

Ils n'avaient pas cessé de parler de l'énigme depuis le dîner en compagnie de l'amiral.

– J'y ai pensé sur la plage hier soir, commença Jonathan, le son qui redonne de la joie pourrait être « Eh ».

Il avait prononcé l'interjection en envoyant son poing droit devant lui comme si son équipe de char favorite venait de remporter une course.

– Disons donc que la première lettre est A et la dernière E…

Flavia gratta pensivement la sève de pin qui collait les planches de bois du ponton.

– La troisième lettre pourrait être I, parce que I veut dire « va ! ». Si tu dis cela à quelqu'un tu l'envoies ailleurs. Nous avons donc un mot avec A, une autre lettre, I, une autre lettre, E.

Flavia fronça les sourcils.

– Tu connais un mot latin qui se termine par un « E » ?

– Y en a des tas. Quand on parle à des gens, on en utilise sans arrêt…

– Ou quand nous prions nos dieux ! Bien sûr ! Pourquoi n'y avons-nous pas pensé plus tôt !

Flavia se redressa pour mieux se concentrer.

– Il ne nous manque plus que la lettre deux et la lettre quatre. Ma deuxième ordonne et ma quatrième montre…

– *En*, cria Nubia du haut du mât.

– Elle a raison, s'exclama Flavia, « En », signifie « voilà », ou « regarde ». La devinette dit, ma quatrième montre donc N peut marcher. Ce qui nous donne A, quelque chose, I, N, E.

– *En*, cria à nouveau Nubia plus fort.

Elle pointait le doigt vers la gauche. Lupus tendit le bras à son tour et soudain, Quartus cria :

– Bâbord toute !

– Elle n'est pas en train de nous donner un nouvel indice, cria Flavia en se levant précipitamment, elle veut nous montrer quelque chose !

Flavia courut jusqu'au bastingage et Jonathan la suivit en vacillant à cause de la gîte.

Ils se penchèrent sur le rebord de bois et regardèrent.

Un immense bateau de guerre filait sur l'eau derrière eux. Les rames dressées, un œil peint sur la proue, il faisait penser à un dangereux insecte.

C'est d'ailleurs la pensée qui vint à Flavia et à Nubia au même moment.

Le navire était déjà très proche d'eux, si près qu'ils pouvaient apercevoir l'eau qui dégouttait des rames et entendre le chant des rameurs. L'officier rythmait le chant, les mains dans le dos, en avançant à grandes enjambées vers l'avant du navire de guerre. Il donnait l'impression de vouloir monter dans le *Myrtilla*. Dans la cabine de poupe, une silhouette était assise.

Flavia essaya de savoir de qui il s'agissait.

– C'est peut-être Pline.

– Je ne pense pas.

Le père de Flavia les avait rejoints contre le bastingage.

– L'amiral avait dit qu'il prendrait la route demain. Mais ce bateau est certainement sous son commandement, probablement en manœuvres pour se rendre au port naval de Misenum.

Ils firent signe au navire de guerre. Le jeune officier, sans cesser de chanter, sourit et leur adressa un geste en retour. Les rameurs étaient bien trop concentrés pour regarder le bateau qu'ils dépassaient. Bientôt, le navire de guerre s'éloigna et disparut derrière un rocher.

– Par Hercule ! Ils sont rapides, remarqua Aristo.

– Magnifique ! s'émerveilla également Mordecaï.

– Ils bénéficient de quatre-vingts rameurs et de vent dans leurs voiles, sourit le capitaine Geminus.

Le *Myrtilla* approchaient du promontoire. L'équipage s'activait, le capitaine brailla un ordre et trois marins grimpèrent à toute vitesse en haut du mât.

Puis l'ambiance redevint calme. Le *Myrtilla* avait changé de direction et sillonnait à présent une immense baie.

– Nous y voilà, souffla Flavia. La baie de Neapolis[1].

1. Grande ville du sud de l'Italie. Elle domine une baie et s'étend au pied du Vésuve. Aujourd'hui appelée Naples.

ROULEAU VI

Jonathan n'avait jamais vu autant de bateaux de toute sa vie. Même dans le port d'Ostia. Ils avaient dépassé le port naval de Misenum et laissé Puteoli sur leur gauche. Ils faisaient à présent route vers une haute montagne.

–Voilà le Vésuve, lança le père de Flavia. Il est couvert de vignes, c'est pour cela qu'il est si vert. Vous apercevez peut-être quelques toits rouges parmi les vignes… Ceux qui possèdent ces villas sont des gens très riches.

–Comme vos œuvres sont grandes et belles, Seigneur, murmura Mordecaï.

La brise agitait doucement les papillotes qui émergeaient de son turban.

–Cet endroit est un véritable paradis, ajouta-t-il.

–Pline assure que c'est la région la plus fertile du monde entier, enchaîna Flavia.

–Est-ce que votre oncle possède une de ces villas sur la montagne, demanda Jonathan.

–Non, répondit Flavia, il vit plus au sud, entre Pompéi et Stabia.

– Où ?

Le capitaine Geminus tendit le bras :

– Tu vois cette ville au pied du Vésuve ?

– Oui.

– C'est Herculaneum… si tu regardes à droite… non, un peu plus loin… oui, là… tu as Pompéi… Et puis, tu vois ce petit groupe de toits rouges encore un peu plus à droite, c'est Stabia. Mon frère vit plus près de Stabia que de Pompéi, mais nous débarquerons tout de même à Pompéi. C'est une véritable horreur pour entrer dans le port de Stabia.

L'après-midi était bien avancé quand le *Myrtilla* accosta à Pompéi. Les martinets fendaient le bleu du ciel en poussant des cris perçants. Ils volaient de plus en plus bas au fur et à mesure que l'air se rafraîchissait.

Pompéi était construite sur une colline. Orange dans la lumière rasante du soleil, se dressaient les imposants murs de la ville. Les toits rouges des plus hautes constructions dépassaient un peu.

Grâce au gouvernail à l'arrière du *Myrtilla*, le père de Flavia dirigea le bateau. Les marins sautèrent sur le quai pour l'amarrer. Les passagers descendirent la passerelle prudemment.

– Je dois aller prévenir le capitaine du port de mon accostage, lança le capitaine en regardant autour de lui. Tiens justement le voilà. Pouvez-vous m'attendre à cette taverne en face, celle avec l'auvent jaune et les platanes ? Nous débarquerons les bagages et les chiens dans quelques instants.

Les sept passagers obéirent. Ils passèrent devant l'élégante forêt de mâts. Des fanions colorés battaient au vent et des haubans claquaient musicalement. Après deux jours passés sur le ponton mouvant du *Myrtilla*, la jetée parut dure et désagréable à Flavia. Le simple fait de marcher dessus lui écorchait les talons. Le temple de Castor et Pollux du port était entièrement décoré de guirlandes[1]. C'était les Ides[2] d'août, un jour dédié à Jupiter, Diane et les jumeaux ; les boutiques et les tavernes autour de la place étaient propres et bien balayées. Beaucoup étaient même ornées de paniers de violettes et de marguerites.

Tout juste sortis des thermes et déjà vêtus de leurs habits de fête, les jeunes Pompéiens se promenaient sur le front de mer dans la tiédeur du jour finissant. Des jeunes filles parfumées étaient vêtues de soie légère, les jeunes gens de tunique bleu-vert. Leurs cheveux étaient coiffés en arrière. Certains portaient des guirlandes sur la tête. Flavia se demanda si le forgeron Vulcain pouvait être parmi eux.

1. Couronne de fleurs tressées avec du lierre, qui était portée lors des fêtes.
2. Une des trois dates clés du calendrier romain. Le plus souvent, les Ides tombaient le 13. En mars, juillet et mai, elles tombaient le 15.

À la taverne, Mordecaï commanda deux chopes de vin coupé d'eau. La serveuse les apporta aussitôt et revint un instant plus tard avec un bol de pistaches.

– Miam, se réjouit Jonathan, se servant une pleine poignée. Ils ne servent pas des pistaches gratuitement avec le vin, à Ostia.

– C'est parce que Pompéi est un endroit beaucoup plus chic qu'Ostia, grommela Mordecaï en comptant les pièces de monnaie qu'il devait à la serveuse.

– Voilà ton père, annonça Jonathan en crachant une coque de pistache.

Puis il fronça les sourcils.

– Il a changé de vêtements.

Nubia fronça les sourcils à son tour.

– Il s'est fait couper les cheveux.

– Et il s'est même acheté une nouvelle paire de bottines !

Mordecaï tira sur sa barbe d'un air perplexe.

Lupus sourit et secoua la tête, comme pour leur faire comprendre qu'ils étaient tous en train de se tromper.

– Oncle Gaïus ! s'écria Flavia.

Elle se leva, sauta par-dessus une jardinière de marguerites et se jeta dans les bras de son oncle.

Gaïus Flavius Geminus senior était né dix minutes avant son frère jumeau.

Le père de Flavia arriva quelques instants plus tard. Quartus lui emboîtait le pas, les bagages à la main, Sextus s'était occupé des chiens.

– Gaïus !

Marcus Geminus lâcha le sac de marin qu'il portait et enlaça son frère.

– Tu as reçu ma lettre ! Je n'étais pas sûr de l'avoir envoyée à temps ; je m'apprêtais à réserver des chambres dans cette taverne et louer une carriole pour demain.

– Ta lettre est arrivée hier. Xanthus a préparé une carriole et il nous attend. Si nous partons tout de suite, nous arriverons avant la nuit.

– Mais oncle Gaïus, protesta Flavia, je voulais passer la nuit à Pompéi. Je dois retrouver quelqu'un ici.

Son oncle lui ébouriffa gentiment les cheveux.

– Allons, Flavia, nous sommes attendus à la ferme. Tu pourras visiter Pompéi quand tu voudras. Et maintenant, qu'attends-tu pour me présenter tes amis ?

Le soleil venait de disparaître à l'horizon quand Xanthus, le fermier de l'oncle Gaïus, arrêta les chevaux dans la poussiéreuse cour de ferme. Xanthus était un petit homme à la peau tannée, ancien esclave, aujourd'hui affranchi. Ses cheveux étaient blonds et fins et il arborait en permanence une expression inquiète. Quand la carriole stoppa, il sauta pour caler les roues. Flavia et les autres descendirent à leur tour, en s'étirant et en grognant un peu.

Les secousses de la carriole produisaient toujours le même effet sur Flavia. Elle avait un besoin urgent d'aller aux latrines. Scuto ressentait d'ailleurs exactement la même chose. Il partit gambader autour de la ferme, en remuant la queue et en reniflant, à la recherche de l'endroit idéal pour se soulager. Il décida finalement de prendre sa revanche sur la grosse cage de bois dans laquelle il avait passé tant de mauvais moments pendant la traversée.

Le chien de Flavia venait de lever la patte quand un terrible grognement se fit entendre. Dans l'ombre du soir, apparut une énorme créature.

Un gros loup noir se dirigeait droit vers Scuto.

ROULEAU VII

Le loup, babines retroussées, traversait la cour de la ferme ; plus personne n'osait faire un mouvement. Même Scuto, la patte toujours levée, semblait paralysé de peur par la créature sauvage qui ne le quittait pas des yeux.

– Ferox, non ! cria l'oncle de Flavia.

L'énorme animal s'arrêta net, comme s'il avait été tiré en arrière.

Flavia regarda de plus près et s'aperçut qu'il avait en effet été tiré en arrière. Le monstre luttait contre le collier de cuir qui le reliait à une longue chaîne de fer. Les yeux exorbités de fureur, il grattait le sol de ses énormes griffes.

Scuto se détendit, baissa la patte et recula. Jonathan et Nubia serrèrent leurs chiots contre eux. Nipur gémissait et Tigris montra une terreur peu digne d'un tigre, en mouillant la tunique de son maître.

– Par Pollux, jura Jonathan, je suis trempé !

Comme si le sort avait soudain été brisé, tout le monde éclata de rire. Ferox était le seul à ne pas s'amuser de la situation. Il aboya plusieurs fois et sa voix résonna dans la ferme et les étables.

– Venez vous laver et nous pourrons dîner, cria Gaïus pour couvrir le vacarme. Les esclaves déchargeront la carriole. Et ne vous inquiétez pas pour Ferox : quand il vous connaîtra mieux, il n'y aura plus de problèmes.

La ferme de Gaïus était vieille mais pimpante, avec ses murs blancs et son toit rouge. Les bâtiments d'habitation étaient construits autour d'un atrium[1] et d'un grand jardin intérieur. Un mur très haut séparait la maison de la cour de la ferme et des dépendances.

Près de la cuisine, se trouvait une salle de bains très simple composée de deux pièces. Les esclaves de maison de Gaïus avaient chauffé l'eau pour que les voyageurs puissent se débarrasser de la poussière et soulager leurs articulations douloureuses. Les filles passèrent en premier puis les garçons et les hommes.

Propres et rafraîchis, les cheveux encore humides, ils regagnèrent le triclinium. Les premières étoiles s'allumèrent dans le violet du ciel.

– C'est notre jour de shabbat, prévint Mordecaï en s'adressant à l'oncle de Flavia. Cela vous ennuie-t-il si Miriam allume les bougies ?

1. Pièce des grandes maisons romaines, où l'on recevait les hôtes. Elle n'avait en général pas de toit et possédait un bassin pour recueillir l'eau de pluie.

–Bien sûr que non, assura Gaïus.

Mordecaï s'inclina légèrement en guise de remerciement.

Pendant que les adultes s'allongeaient sur les divans et que les enfants s'asseyaient, Miriam resta debout. Elle se couvrit la tête d'un foulard bleu lavande, récita une prière en hébreu et alluma les bougies à l'aide d'une toute fine chandelle.

Chacun garda le silence un instant. Un parfum de rose et de jasmin s'élevait du jardin et quelque part un oiseau répétait une note monotone. La lune brillait comme une perle au-dessus des feuilles vertes du laurier.

Puis Frustilla, la vieille cuisinière de Gaïus, entra avec une marmite de soupe de haricots noirs, un poulet rôti et du pain complet. Rufus, un esclave un peu simplet, alluma les lampes à huile.

Pendant qu'ils mangeaient, Gaïus demanda à Flavia si elle et ses amis voulaient faire quelque chose de particulier à Pompéi.

–Nous aimerions visiter la boutique d'un forgeron nommé Vulcain. Il est près de la porte de Stabia.

Gaïus leva un sourcil.

–Voilà une demande bien étrange pour une jeune fille de dix ans. Puis-je te demander pourquoi ?

–Il y a quelques jours, nous avons sauvé l'amiral Pline…

–Quoi ?

Gaïus manqua de s'étrangler avec sa soupe.

– Vous avez sauvé l'amiral Pline ! L'ami et conseiller de l'empereur Vespasien ?

– Il nous a demandé de résoudre une énigme pour lui et de retrouver l'homme qui la lui avait donnée, précisa Flavia.

– Une énigme ! D'abord, vous devez me raconter comment et de quoi vous l'avez sauvé et après vous m'expliquerez pour quelle étrange raison le chef des flottes impériales vous demande de résoudre une énigme !

Flavia et Jonathan se jetèrent un regard entendu et sourirent.

– Pour le trésor !

Jonathan ouvrit les yeux d'un seul coup. Son cœur battait à tout rompre et son corps était couvert de sueur. Il crut d'abord qu'il était encore en train de rêver. Le plafond de sa chambre était trop haut et les murs trop rapprochés les uns des autres. Une vague odeur de vin fermenté lui parvenait par la fenêtre. Un coq chanta.

Puis il se rappela. Il était chez l'oncle de Flavia. La veille, jour de shabbat, avait été calme. Ils avaient déchargé leurs bagages et exploré la ferme. Aujourd'hui, ils avaient décidé de se rendre à Pompéi pour chercher Vulcain, le forgeron.

– Lupus, murmura-t-il.

Mais il n'y eut pas de réponse.

Jonathan leva la tête. Le lit de Lupus était vide. Tigris avait également disparu.

Après un moment, Jonathan enfila sa tunique et ses sandales. À tâtons, il poussa le rideau et avança vers le sombre atrium pour arriver dans le jardin déjà ensoleillé. Le jour n'était levé que depuis quelques minutes et le ciel était jaune citron. Un chant d'oiseau s'éleva et le coq poussa son cri une nouvelle fois.

– Bonjour Jonathan, l'accueillit Flavia, nous allions justement te réveiller.

– Le petit déjeuner est prêt, lui sourit Miriam.

Ils s'assirent autour d'une table en fer forgé blanche, sous un laurier, près du puits. Le petit déjeuner était composé de pain complet, de dattes et de fromage. Les chiens étaient assis sagement près de la table, dans l'attente des restes. Miriam servait à tout le monde un verre de sirop d'orgeat et Aristo prenait des notes sur une tablette de cire.

Jonathan tira sa chaise et se laissa tomber lourdement.

– Tu vas bien, Jonathan ? demanda Flavia en lui tendant une assiette, je te trouve un peu pâle.

– J'ai fait un cauchemar.

Il prit un morceau de pain et le jeta à Tigris, puis il se servit une poignée de dattes.

– On a un cours aujourd'hui ? Je croyais que nous allions à Pompéi pour trouver Vulcain.

– Oncle Gaïus a dit qu'il nous emmènerait plus tard, l'informa Flavia, en ramenant mon père au port.

– Ne t'inquiète pas, le rassura Aristo qui avait remarqué sa déception.

Aristo avait remarqué le regard de Jonathan.

– C'est une toute petite leçon aujourd'hui.

Le jeune Grec posa sa tablette de cire et souleva de terre un énorme pot de céramique[1] noir et orange. Il le posa avec précaution au milieu de la table. Sur un côté du pot était dessinée une scène de la mythologie grecque.

Scuto avait emmené les chiots explorer le jardin. Jonathan les regarda avec envie.

– Ce vase grec est une antiquité, il a au moins cinq cents ans, commença Aristo. On l'utilisait pour mélanger le vin pendant les fêtes. L'oncle de Flavia me l'a très gentiment prêté pour que je vous le montre ce matin. Vous pouvez le regarder mais, non, Lupus ! Pas le toucher. Il vaut plus de quatre cent mille sesterces.

Jonathan se redressa sur sa chaise.

– Un demi-million ?

– Oui, confirma Aristo, il n'est pas seulement vieux, c'est aussi le travail d'un grand maître. Cette poterie a été décorée d'une manière très habile. L'artiste a peint le vase autour de la forme des silhouettes qui sont donc de la couleur de l'argile. Puis avec une brosse fine, il a ajouté les yeux, les bouches

1. Argile chauffée dans un four, d'abord à très haute température, puis plus doucement.

et les autres détails. C'est ainsi que tous les potiers grecs décoraient les vases, il y a cinq cents ans.

Jonathan et ses amis s'approchèrent pour observer de plus près les personnages. Tout à coup, Lupus se mit à rire.

– Bon, reconnut Aristo avec regret, ces satyres sont un peu grossiers. Mais je suppose que lorsque l'on est moitié homme, moitié chèvre, on n'a pas besoin de porter des vêtements.

Flavia rit à son tour et Miriam rougit. Jonathan sourit. Il se sentait déjà mieux.

Aristo s'éclaircit la gorge :

– Quoi qu'il en soit, je ne vous ai pas apporté ce vase pour vous montrer des satyres nus. Je sais que vous êtes à la recherche d'un forgeron nommé Vulcain et j'ai pensé que vous aimeriez entendre la légende qui se rapporte à son nom. Ce personnage, ici, l'homme sur un âne, c'est lui. Vulcain, le forgeron des dieux.

ROULEAU VIII

– Vulcain, commença Aristo, était le fils de Jupiter et de Junon[1]. En tant que fils du roi et de la reine des dieux, il aurait dû être un joli bébé. Mais Vulcain était laid et petit, avec un visage rougeaud, et il ne cessait de brailler. Junon était si horrifiée qu'elle jeta le bébé du haut du mont Olympe.

– C'est quoi mon olimpe ? demanda Nubia.

– Le mont Olympe, énonça Aristo, est une montagne du nord de la Grèce. C'est l'endroit où vivent les dieux.

– Et qu'est-il arrivé au bébé ? demanda Miriam.

Ses yeux violets reflétaient l'inquiétude.

– La chute du bébé dura des jours et des nuits. Par chance, il tomba dans la mer. Malgré tout, ses jambes furent blessées en touchant l'eau et elles ne se développèrent jamais correctement. Bébé Vulcain coula donc comme une pierre dans les profondeurs bleues, où la sirène Thétis le trouva et le ramena

1. Reine des dieux romains et femme de Jupiter.

chez elle, dans une grotte sous-marine. Elle l'éleva comme s'il était son enfant.

Aristo fit une pause pour boire une gorgée de sirop d'orgeat.

–Vulcain eut une enfance heureuse. Les dauphins étaient ses camarades de jeu, les perles ses jouets. Un jour, alors qu'il avait à peu près votre âge, il découvrit les restes d'un feu de pêcheur sur la plage. Le jeune dieu fut fasciné par un morceau de charbon encore incandescent. Après un monde d'eau, de bleus et de verts, c'était pour lui beaucoup plus joli que la plus jolie des perles.

« Vulcain déposa sa précieuse découverte dans un coquillage et l'emporta sous l'eau, dans sa grotte. Il réussit à faire un feu avec. Le premier jour, il ne le quitta pas du regard, il nourrissait les flammes d'algues, de bois flotté, de corail et de pierres. Le second jour, il découvrit qu'il pouvait augmenter la puissance de son feu en soufflant dessus et que de certaines pierres naissait du fer, de l'argent ou de l'or. Le troisième jour, il donna une forme aux métaux et les transforma en bracelet, chaînes, épées et boucliers.

« Vulcain fabriqua des couteaux incrustés de perles et des cuillers, pour sa mère adoptive. Il forgea un chariot d'argent, auquel il ajouta des rênes pour que les hippocampes puissent l'emmener rapidement là où il voulait. Il fabriqua même des femmes-esclaves en or, pour s'occuper de lui et répondre à tous ses besoins. À partir de ce jour, lui et Thétis vécurent comme des princes.

Aristo montra le vase.

– Vous voyez, il porte un marteau et des pinces, c'est ce qui nous permet de le reconnaître. Et si vous observez attentivement, vous remarquerez que l'artiste lui a peint des jambes trop petites pour son corps.

– Il a l'air triste, souffla Miriam.

– Mais gentil, ajouta Flavia.

– Où va-t-il ? demanda Jonathan.

– Il est escorté pour son retour sur le mont Olympe, répondit Aristo. Car un jour, Thétis quitta sa grotte sous-marine pour se rendre à une fête sur le mont Olympe. Elle portait un magnifique collier d'argent, incrusté de saphirs, que Vulcain lui avait offert. Junon admira beaucoup le collier et demanda où elle pouvait en trouver un semblable.

« Thétis se troubla et Junon devint soupçonneuse. La reine des dieux finit par découvrir la vérité : le bébé qu'elle avait autrefois rejeté était devenu le forgeron le plus doué qu'elle avait jamais vu.

« Furieuse, elle ordonna à Vulcain de revenir chez elle. Il refusa, mais envoya à Junon un superbe fauteuil, d'or et d'argent, couvert de perles fines. Son assise avait la forme d'un coquillage, ses accoudoirs, de dauphins.

« Junon était ravie mais au moment où elle s'assit, son poids actionna des ressorts cachés : des langues de métal jaillirent pour la maintenir sur le fauteuil. Plus elle criait et se débattait, plus le mécanisme l'enserrait. Le fauteuil était un piège habilement conçu.

Lupus éclata bruyamment de rire et se tapa sur la cuisse.

Aristo sourit.

– Pendant trois jours, Junon dut rester assise. Elle était enragée. Elle ne pouvait ni dormir, ni s'étirer, ni même manger.

– Hé, s'écria Jonathan, elle ne pouvait pas non plus aller aux toilettes.

Les filles laissèrent échapper un petit rire et Lupus pouffa. Aristo leur jeta un regard consterné et attendit qu'ils se calment.

– C'est Jupiter qui trouva la solution. Il promit à Vulcain que, s'il revenait vivre sur le mont Olympe et libérait sa mère du fauteuil infernal, il lui donnerait une femme. Et pas n'importe quelle femme : Vénus, la déesse de la beauté et de l'amour. Quel homme et même quel dieu aurait pu résister ?

Aristo montra le vase une nouvelle fois.

– Il est donc représenté, à califourchon sur son âne, de retour vers l'Olympe, pendant que Junon est encore prisonnière de son trône.

– Où est Vénus ? demanda Nubia.

– Elle se prépare probablement pour le mariage.

– Est-ce qu'elle aimait Vulcain ? se renseigna Miriam.

Aristo haussa les épaules.

– Peut-être. Mais elle aimait également beaucoup d'autres hommes. Après tout, elle était la déesse de l'amour. Plus tard, Vulcain construisit une forge sous une grande montagne en Sicile. On raconte que chaque fois que Vénus lui est infidèle, il frappe si fort le métal chauffé au rouge que des étincelles et de la fumée jaillissent du haut de la montagne. C'est pourquoi, les montagnes qui fument sont appelées des « vulcanos », c'est-à-dire des volcans.

– Ce n'est qu'une légende, grommela Jonathan.

– Tu crois ? Et si ce n'est pas Vulcain qui provoque l'éruption de certaines montagnes, qui en est responsable ?

Flavia leva la main.

– Pour Pline, les tremblements de terre sont la cause des éruptions volcaniques. Et les tremblements de terre sont dus au vent qui est parfois enfermé dans les volcans et ne peut en sortir.

– C'est une explication sensée, approuva Aristo, mais je trouve le mythe plus romantique.

– Et Thétis ? demanda Miriam. Est-ce que Vulcain ne lui a pas manqué après son départ pour le mont Olympe ?

– Vulcain n'a jamais oublié sa mère adoptive, répondit Aristo. Il lui rendait souvent visite. C'est pourquoi il est le dieu des mers et le dieu du feu. Et beaucoup plus tard, il fabriqua pour Achille, le fils de Thétis, la plus belle armure du monde. Mais Junon était sa vraie mère et il était normal et juste qu'ils soient un jour réunis.

Le jeune Grec se renversa sur sa chaise et leur sourit :

– La leçon est terminée pour aujourd'hui ! J'espère qu'elle vous servira dans votre recherche de ce forgeron nommé Vulcain.

La fin de la matinée approchait quand ils partirent enfin.

Flavia et ses trois amis s'étaient installés dans la carriole dont le fond était tapissé de sciure, au milieu de quarante amphores[1] de vin. Ils avaient convaincu Scuto et les chiots de rester dans la fraîcheur du jardin en compagnie de Miriam. Xanthus conduisait la carriole et les frères Gemini les suivaient à cheval.

Au carrefour du chemin de la ferme et de la route principale, ils croisèrent un fermier qui ramenait sa carriole vide du marché. Il était assis à côté de son jeune fils et Flavia l'entendit murmurer que Castor et Pollux[2] étaient dans la région. Sans cesser de sucer son pouce, le petit garçon se retourna sur les jumeaux, les yeux ronds comme des billes.

Flavia s'adossa contre une amphore et regarda son oncle dont le cheval trottait juste derrière la carriole.

1. Grand vase d'argile, dans lequel était conservé le blé, l'huile ou le vin.
2. Nom familier donné aux deux frères Geminus.

– Oncle Gaïus, pourquoi n'es-tu pas marié ?

Gaïus lui lança un regard surpris, puis il jeta un coup d'œil vers son frère.

– Eh bien, commença-t-il, quand nous étions plus jeunes, ton père et moi étions tous les deux amoureux de Myrtilla.

Flavia se redressa dans la carriole.

– Tu étais amoureux de ma mère ?

– Oui, répondit l'oncle Gaïus, mais c'est ton père qu'elle a choisi d'épouser.

ROULEAU IX

– Ce n'est pas si simple, expliqua le père de Flavia. Quand notre père est mort, Gaïus a hérité de la ferme parce qu'il était l'aîné. Cela ne m'a pas dérangé. Je voulais devenir marin.

–Moi, je préférais les plantes et les animaux, continua Gaïus, je n'aurais pas pu passer ma vie à bord d'un navire. Il me suffit d'en regarder un pour avoir le mal de mer.

–Moi, j'aurais été un très mauvais fermier. Ton oncle a été très généreux. Il a vendu quelques vases antiques et m'a donné assez d'argent pour acheter mon bateau.

–J'ai pensé que si Marcus s'éloignait, j'avais plus de chance de conquérir Myrtilla, reconnut Gaïus avec un sourire.

–Mais ça n'a pas marché, reprit le père de Flavia. Ta mère avait comme moi l'âme aventurière. J'ai donné son nom à mon bateau et lui ai promis de lui faire parcourir le monde si elle se mariait avec moi.

Gaïus soupira.

–Je lui offrais une ferme et un endroit merveilleux pour vivre, mais…

Il haussa les épaules.

– Et c'est pour ça que tu ne t'es jamais marié ?

Gaïus hocha la tête. Flavia l'observa attentivement et ressentit cette curieuse impression qu'elle avait déjà éprouvée. Il ressemblait tant à son père.

Flavia se réinstalla contre les amphores et se dit que son destin aurait pu être différent. Gaïus aurait pu être son père. Elle se serait appelée Julia ou Helena. Elle aurait été plus âgée ou plus jeune, avec des cheveux plus foncés ou des yeux d'une autre couleur. Mais aurait-elle quand même été Flavia ? Le simple fait de se poser cette question lui faisait mal à la tête.

Soudain, une autre pensée la frappa : si sa mère avait épousé Gaïus, peut-être ne serait-elle pas morte en couches. Peut-être que sa mère serait toujours en vie.

Il n'y avait plus de jeunes gens habillés pour la fête dans les rues de Pompéi, ce matin-là. C'était jour de marché. L'équipage du *Myrtilla* et Xanthus chargèrent le vin à bord du navire du capitaine Geminus, pendant qu'il allait faire une offrande à Castor et Pollux, au temple du port. Quand Flavia et ses amis eurent adressé leurs derniers signes d'au revoir au *Myrtilla*, il était presque midi. Le ciel était d'un bleu pur et la chaleur déjà presque insupportable.

Les chariots n'avaient pas le droit d'entrer à Pompéi en empruntant le chemin du front de mer. Gaïus demanda donc à Xanthus de les attendre à la porte de Stabia, une heure plus tard.

Ils remontèrent le chemin du front de mer, en se frayant un passage entre les hommes en toge[1] qui se rendaient aux thermes, juste en dehors des murs de la ville.

–La cour de justice vient sans doute de fermer pour la journée, observa Gaïus en essuyant ses sourcils trempés de sueur. D'ailleurs, tout sera bientôt fermé pour la pause de midi. Nous devons nous dépêcher, je veux juste vous montrer le forum*.

L'ombre sous l'arche de la porte du front de mer était enchanteresse de fraîcheur. Les pavés étaient mouillés.

–Cette ville est construite sur une colline, expliqua Gaïus, et les fontaines débordent sans arrêt. C'est pour cela que Pompéi a les rues les plus propres de tout l'Empire romain.

Ils sortirent de l'ombre et la chaleur assomma Flavia. La foule était composée d'hommes en sueur et de femmes parfumées qui rentraient chez eux ou se rendaient aux thermes.

Flavia essayait de régler son pas sur celui de son oncle mais il avait l'habitude de marcher vite, elle le perdit de vue. Elle saisit la main de Nubia et regarda autour d'elle pour trouver les garçons. Lupus traînait derrière et montrait à Jonathan des graffitis grossiers. À l'entrée du forum, ils durent enjamber un mendiant qui exposait sa jambe malade. Flavia

1. Vêtement d'homme.

aperçut les plaies béantes et sanguinolentes et elle eut la nausée.

Soudain, ils se retrouvèrent dans le forum, un endroit immense, très clair, entourés de temples et de portiques.

– Voici le temple de Jupiter, déclara oncle Gaïus en désignant le nord. Magnifique, il est encore décoré pour le festival et avec le Vésuve qui se dresse juste derrière… Qu'en penses-tu Flavia ? Tu te sens bien ? Tu es aussi blanche qu'une toge.

– C'est que j'ai un peu soif.

– Alors, suis-moi. Les fontaines publiques se trouvent de l'autre côté.

Les animaux n'avaient pas le droit de pénétrer à l'intérieur du forum et des barrières avaient été dressées pour empêcher les carrioles de passer. La plupart des gens laissaient donc leur charrette et leur âne à l'entrée, ce qui provoquait un engorgement permanent. Les quatre enfants pressaient le pas derrière Gaïus, quand Flavia se retrouva écrasée entre un groupe de banquiers en toge et deux esclaves à demi-nus qui portaient les tablettes des banquiers.

– Les thermes de Stabia se trouvent sur la gauche.

Flavia entendait la voix de son oncle, mais tout ce qu'elle pouvait voir était une immense planche de bois et les plis des toges.

– Ils sont absolument magnifiques mais, depuis le grand tremblement de terre, toutes les réparations ne sont pas encore achevées. Tu te rends compte ? En dix-sept ans !

Flavia sautilla pour apercevoir ce que son oncle lui montrait. Mais elle réussit tout juste à apercevoir les cheveux châtains de Gaïus qui dépassaient les têtes des autres gens dans la foule.

Quelqu'un lui attrapa la main droite. Jonathan. Épaule en avant, il avança entre les banquiers et s'approcha de Flavia pour lui éviter de se faire bousculer.

Elle entendit une nouvelle fois la voix de son oncle :

– Je me rappelle très bien le tremblement de terre. J'avais treize ans, j'étais à peine plus âgé que vous. Jamais je n'oublierai l'odeur de soufre. On aurait dit des œufs pourris. Des troupeaux entiers de moutons sont morts asphyxiés par les émanations. Incroyable. Cinq ou six cents moutons tués par une odeur.

– Moi aussi, je suis sur le point de mourir, asphyxié par une odeur, marmonna Jonathan.

Flavia esquissa un sourire malgré sa nausée. L'odeur de sueur était écœurante et la chaleur la rendait pire encore. Elle sentait son cœur battre à tout rompre et avait l'estomac renversé.

Soudain, une bagarre se déclencha un peu plus loin.

Une femme poussa un cri.

La foule s'écarta et Flavia vit un homme portant une robe noire et un turban. Il jetait autour de lui des regards fous. La femme cria encore. L'homme saisit un des banquiers par les épaules et le secoua brutalement.

– Par le jugement de Dieu, hurlait-il d'une voix rauque, elle arrive, elle va nous réduire en poussière, l'abomination cause la désolation !

Il relâcha le banquier effaré et attrapa un esclave par le poignet.

– Catastrophe ! Désolation ! Mort ! grinça-t-il.

L'esclave essaya de se dégager avec un juron, mais le fou persista. Il regarda la foule qui reculait puis fixa Flavia et ses amis.

– Toi !

Il avança vers eux en les montrant du doigt.

– Tu le sais également !

« Pitié, qu'il ne s'approche pas de moi », pria silencieusement Flavia.

L'homme battit des bras dans un bruissement d'étoffe et marcha droit sur eux. Son visage se rapprochait et il s'arrêta à deux pas de Jonathan.

Flavia vit ses yeux cernés plonger dans ceux de Jonathan et quand il ouvrit la bouche pour reprendre sa prophétie de mort, elle sentit son haleine d'ail et de poisson.

– Tu le sais également, répéta-t-il à Jonathan.

Flavia crut qu'elle allait s'évanouir.

Soudain, un poing fusa. La mâchoire du fou partit sur le côté, il tomba.

Lupus l'avait frappé.

ROULEAU X

Lupus, tremblant, souffla sur son poing endolori.

– Merci Lupus, murmura Jonathan.

Lupus haussa les épaules et sourit. Une des choses qu'il avait apprises en mendiant dans les rues d'Ostia était les effets dévastateurs d'un coup droit bien placé.

L'homme au turban, allongé sur le sol humide, regardait le ciel bleu et continuait de marmonner :

– Catastrophe, désolation, mort !

– Par les sourcils de Jupiter !

L'oncle de Flavia se précipita vers les enfants.

– Vous allez bien ? Est-ce que cet homme vous a blessés ?

– Tout va bien, oncle Gaïus, le rassura Flavia en se jetant dans ses bras.

– Ça doit être un genre de devin, dit Gaïus.

Il traça dans l'air un signe pour conjurer le mauvais sort et les emmena loin de l'homme, jusqu'à la fontaine.

Lupus plongea sa main dans le bassin pendant que les autres prenaient leur tour au jet. Il but le dernier. Quand il redressa la tête, le menton trempé, une voix de femme retentit :

– Cet homme est un chrétien*, j'en suis sûre !

Lupus s'essuya la bouche. Jonathan observait deux soldats qui se frayaient un chemin dans la foule.

– Le devin est un chrétien, cria quelqu'un d'autre.

– Ils ne professent que le malheur, reprit la première femme.

Les soldats se penchèrent en avant et le métal de leur armure brilla dans le soleil. Ils relevèrent l'homme au turban et le traînèrent vers le forum.

– Vous savez quelle est la sanction pour ceux qui pratiquent une foi illégale ? hurla hargneusement le banquier. Les arènes !

– Un repas pour les lions affamés ! lança un autre.

La foule rit et commença à se disperser.

Gaïus regarda autour de lui.

– Je pense que nous avons besoin d'un bon repas. Il y a une taverne, juste au coin, où l'on peut manger de délicieuses crêpes aux pois chiches. Qu'est-ce que vous en dites ?

Lupus était affamé mais il avait également envie de retrouver le forgeron. Et il savait que les boutiques n'allaient plus tarder à fermer. Il jeta un coup d'œil à Flavia. Elle lui adressa un petit signe de tête, elle avait compris.

– Oncle Gaïus, nous avons tous faim, mais si nous ne nous dépêchons pas, nous ne retrouverons pas Vulcain.

– Très bien. Trouvons d'abord votre forgeron et nous mangerons après.

À peine avait-il fini de parler que midi sonnait. Les magasins allaient fermer et les thermes ouvrir.

Ils suivirent Gaïus qui avançait d'un bon pas. Ils croisèrent beaucoup de fontaines jusqu'à la rue de Stabia. Lupus vit tout de suite la porte au bout de la rue. En restant à l'ombre des toits, il partit en courant, dépassa le théâtre et s'arrêta juste avant la porte Stabia.

Sur la gauche, trois magasins se faisaient suite. Dans la vitrine du magasin du milieu, au-dessus du comptoir, une rangée de pots, de casseroles, de lampes tout en bronze brillaient dans le soleil.

En entendant les pas de Lupus, un nain, vêtu d'une tunique vert d'eau, apparut et fit sonner une sonnaille en bronze.

– Trouverez pas meilleures casseroles qu'ici, lança-t-il gaiement, entrez donc !

– Nous cherchons un forgeron nommé Vulcain, cria Flavia qui arrivait en courant.

Lupus émit un grognement et montra du doigt le magasin le plus proche. Il n'avait ni vitrine, ni comptoir, rien de plus qu'une porte ouverte. Mais au-dessus de la porte une scène de la mythologie grecque avait été peinte : un jeune homme, à dos d'âne, portant des outils. C'était le dieu des forgerons : Vulcain.

– Bonjour, il y a quelqu'un ?

Flavia jeta un œil dans la forge sombre.

–On est fermé pour la journée, lui répondit une voix bourrue.

Flavia fit un pas à l'intérieur. Nubia et Jonathan restèrent en arrière mais Lupus se glissa entre eux et pénétra dans le magasin. Il y faisait aussi chaud et aussi sombre que chez Hadès. La seule lumière provenait de la porte d'entrée et de quelques boules de charbon rougeoyantes dans le foyer ouvert.

–Nous sommes à la recherche de Vulcain, répéta Flavia en se sentant un peu ridicule.

Une silhouette bougea dans l'ombre, un homme de haute taille aux épaules larges et musclées qui portait un tablier de cuir. Il était complètement chauve et l'éclat du charbon illuminait son crâne et ses épaules.

–Vulcain ? grogna-t-il.

–Oui, s'il vous plaît, souffla Flavia de sa voix la plus polie.

Elle recula sans s'en rendre compte et marcha sur le pied de Nubia.

–Êtes-vous l'un d'entre eux ?

–Quoi ? demanda Flavia.

–Connaissez-vous le chemin ?

Le forgeron se pencha pour les regarder de plus près. Ils reculèrent vers la porte et se cognèrent contre Gaïus qui venait d'arriver.

Le forgeron releva la tête pour voir Gaïus, dont la silhouette emplissait la porte. Il se raidit et, pendant un instant, étudia chaque visage. Puis, il croisa les bras.

–Vulcain ne travaille plus ici et me demandez pas où il est, j'en sais rien.

–Mais nous devons absolument le trouver, protesta Flavia.

–On ferme maintenant. Faut que vous partiez ! Tous !

Le forgeron fixa Lupus qui lisait un graffiti sur le mur couvert de suie. Flavia jeta un coup d'œil. Dans l'obscurité, à peine éclairée par les charbons ardents, elle ne réussit pas à lire plus de deux lignes.

–Ma première lettre surprend, ma seconde ordonne…

Soudain, Flavia sut la réponse de la devinette.

Le cœur battant, elle se tourna vers le géant, prit une profonde inspiration et lança :

–*Asine !* Âne !

ROULEAU XI

– *Asine !* répéta Flavia plus fort, âne !

– Flavia !

La voix horrifiée de son oncle s'éleva derrière elle.

– Excuse-toi immédiatement.

Mais le visage renfrogné du géant s'était déjà radouci. Il souriait presque à présent.

Il posa un doigt boudiné sur ses lèvres.

– Chut ! On n'est jamais trop prudent.

Il regarda autour de lui et se pencha vers Flavia.

– Je n'ai pas menti tout à l'heure, Vulcain ne travaille plus ici. Mais il repasse de temps en temps. Il est... forgeron itinérant. Je peux lui donner un message, la prochaine fois qu'il viendra.

– Un message... réfléchit Flavia, oui ! Nous avons un important message pour lui. Dites-lui de venir à la ferme Geminus sur la route de Stabia, nous avons du travail pour lui. N'est-ce pas mon oncle ? Un important travail.

–La réponse était donc « asine », âne, lança Jonathan dans la carriole qui les ramenait à la ferme, comment as-tu trouvé ?

Flavia engloutit la dernière bouchée de sa crêpe aux pois chiches avant de répondre :

–Nous avions trouvé toutes les lettres sauf une, il m'a suffi de passer tout l'alphabet dans ma tête : abine, acine…

–Moi aussi, j'ai fait ça, observa Jonathan, mais je n'ai pas trouvé la réponse…

–J'avais bien pensé à « asine », expliqua Flavia, mais ce mot n'a pris sens que quand nous sommes entrés dans la forge. J'ai soudain repensé à l'âne sur lequel est monté Vulcain et j'ai su que j'avais trouvé !

Jonathan se frappa le front du plat de la main :

–Évidemment, la lettre manquant était S. Ma seconde lettre ordonne : S, *Es*, Sois. Mais où ça nous mène ?

–C'est manifestement un mot de passe ou un code secret, répondit Flavia, ça a marché avec le gros forgeron.

–J'ai compris, répliqua Jonathan, mais je ne vois pas comment on va trouver un trésor avec ça !

–Je l'ignore, admit Flavia, mais à mon avis, Vulcain le forgeron le sait, lui.

–C'était une excellente idée, s'exclama Jonathan un peu plus tard dans l'après-midi.

Il testait la solidité d'une branche feuillue.

Les quatre amis, de retour à la ferme, avaient escaladé un figuier si vieux qu'il ne donnait plus de figues depuis longtemps. Des plus hautes branches, s'élevaient les notes cristallines de la flûte de Nubia.

Jonathan repoussa des grandes feuilles vertes :

– Regarde ! D'ici, on voit tous les gens qui viennent à la ferme et tous ceux qui passent sur la route de Pompéi à Stabia. Mais personne ne nous voit.

Le figuier poussait près d'une oliveraie entourée des vignes de Gaïus.

– Mon oncle a dit que nous pouvions utiliser les vieilles planches dans la cabane à outils près du pressoir, ajouta Flavia.

– J'ai toujours eu envie d'une cabane dans les arbres, se réjouit Jonathan. Je vais dessiner les plans et on se relaiera pour la construction et la surveillance.

La musique s'arrêta brusquement et Lupus poussa un grognement. Jonathan ne voyait de lui que ses pieds sales chaussés de sandales trop grandes.

– Qu'est-ce qui se passe, Lupus ? demanda-t-il. Tu vois Vulcain ?

Lupus grogna à nouveau. Non. Les feuilles s'écartèrent et il pointa le doigt vers les vignes.

– Tu vois quelque chose dans les vignes ? s'enquit Flavia.

Lupus grogna. Oui.

– Regardez ! s'écria Nubia, une tunique orange ! Ah, elle a disparu !

– Scuto, se fâcha Flavia, tu es nul comme chien de garde.

Scuto, qui chahutait avec les chiots à l'ombre du figuier, leva la tête vers sa maîtresse et remua la queue.

– Ce sont des bons à rien, sourit Jonathan.

– Ça ne peut pas être un des esclaves de mon oncle, murmura Jonathan, ils sont tous vêtus de marron.

– Alors, quelqu'un nous espionne, affirma Jonathan, on a intérêt à être sur nos gardes.

Les jours suivants, ils consacrèrent chaque instant libre de leur journée à travailler à leur cabane.

Pendant les heures les plus chaudes, quand les adultes se baignaient ou se reposaient, les quatre amis grimpaient dans le figuier et clouaient, fabriquaient des échelles de corde et surveillaient l'approche de Vulcain. Une fois, ils proposèrent à Miriam de venir les aider, mais elle préférait rester à l'intérieur de la maison fraîche ou cueillir des fleurs dans le jardin et fabriquer des couronnes avec Frustilla, la cuisinière.

Un matin, après leurs leçons, alors qu'ils se hâtaient vers leur cabane, le chien de garde de Gaïus, Ferox, prit sa revanche.

Depuis le premier soir, Scuto était resté prudent. Il se tenait à distance de Ferox. Au début, il s'était comporté intelligemment, frôlant les murs de la ferme, la queue entre les jambes. Mais au fur et à mesure que les jours passaient, il prenait de l'assurance.

Ce matin-là, le chien de Flavia caracolait dans la ferme, la queue en panache. Il aboyait gentiment après les poules et commençait à se mettre à la recherche d'odeurs intéressantes. Comme d'habitude, Ferox tira sur sa chaîne à s'étrangler et aboya furieusement. Scuto l'ignora. Le nez au sol, il continua de renifler et, sans s'en apercevoir, il s'approchait de Ferox qui devenait fou de rage.

Ferox tirait si fort sur son collier que ses yeux en étaient exorbités. Ses aboiements n'étaient plus que des gémissements étranglés. Scuto continua son chemin nonchalamment, comme si le chien qui se râpait le cou sur sa chaîne n'était finalement pas plus dangereux qu'une des poules de la basse-cour.

Mais à ce moment, il commit une erreur. Il se coucha près du poulailler, comme fatigué par le poids de trop grands soucis. Ferox ne put le supporter. Utilisant toute sa puissance, il tira une nouvelle fois sur sa chaîne. Dans un bruit métallique, elle finit par céder.

Comme une flèche, Ferox se jeta sur l'infortuné Scuto.

Flavia se retournait pour appeler son chien quand elle vit une tache brun doré poursuivie par une énorme chose noire. Ils se dirigeaient vers la côte, à travers les vignes. Flavia eut tout juste le temps de cligner des yeux, ils avaient disparu à l'horizon.

ROULEAU XII

Les traces de Ferox étaient assez faciles à suivre : il traînait quand même deux mètres de chaîne derrière lui. Les quatre amis, accompagnés des chiots, marchaient dans le sillon creusé dans la poussière, entre les cépages. Flavia essayait de ne pas penser à ce que Ferox ferait à Scuto s'il parvenait à l'attraper.

Après un demi-mille, le sillon sortait des vignes et prenait le chemin de la côte qui marquait la fin de la propriété de Gaïus. À l'exception d'un cavalier au loin, la route était vide. De l'autre côté, d'immenses villas faisaient face à la mer.

La voie entre Pompéi et Stabia n'était pas large mais pavée avec soin de pierres hexagonales. La brise marine avait effacé les traces laissées par la chaîne de Ferox dans la poussière.

– Et maintenant ? demanda Flavia. Où peut-il être ?

– Regarde ! s'exclama Nubia. Nipur sent quelque chose.

Nipur était en train de renifler un monticule de pierres dédié au dieu Mercure, de l'autre côté de la route. À présent, le nez en avant, il se dirigeait dans les hautes herbes et les chardons, vers l'arrière d'une des villas du bord de mer.

Le chiot les mena vers un grand mur blanc derrière lequel poussait de vieux cyprès et des cèdres. Dans ce mur, se découpait une porte massive sur laquelle étaient inscrits, en rouge délavé, les mots : Interdiction d'entrer ! Malgré l'avertissement, un trou avait été creusé sous la porte.

Flavia poussa un cri. La moitié arrière du corps de Ferox émergeait de ce trou.

– Ton chien est coincé, lança une voix aiguë au-dessus d'eux.

Flavia et ses amis levèrent la tête, surpris. Une petite fille était assise sur le mur, à moitié dissimulée dans l'ombre d'un pin parasol.

– Je vous attendais, remarqua la petite fille avant d'ajouter : J'ai pensé que c'était l'endroit le plus sûr.

– Avez-vous vu un autre chien passer par ce trou ? demanda Flavia d'une voix désespérée. Un chien brun frisé...

La petite fille lui jeta un regard noir.

– Ne vous inquiétez pas pour Scuto. Il est en sécurité à l'intérieur avec mes petites sœurs.

Flavia murmura une prière de remerciements.

– Attends, cria Jonathan, comment connais-tu le nom de Scuto ? Et comment sais-tu que celui-ci est Ferox ?

–De la même manière que je sais que tu es Jonathan et vous autres Flavia, Nubia et Lupus…

–C'est toi qui nous espionnes ! s'exclama Flavia.

La petite fille arbora un large sourire.

–Je ne vous espionne pas. Je vous regarde, c'est tout. Je m'appelle Clio.

En entendant leurs voix, Ferox avait commencé à se tortiller dans tous les sens. Il était aussi serré qu'un bouchon dans le goulot d'une amphore de vin. Clio attrapa une branche de pin et se mit debout.

–Je vais chercher de l'aide, proposa-t-elle.

–Attends, lui demanda Jonathan, essaie de trouver une corde solide et… non… trouve un filet !

Clio sourit et, debout sur l'étroit rebord du mur, elle trottina vers la maison, aussi facilement que si elle avait été sur un trottoir. Lupus lui jeta un regard admiratif.

Dès qu'elle fut hors de vue, les quatre amis tournèrent leur attention vers Ferox. Flavia était à deux doigts de le plaindre mais quand il commença à gémir et à gratter faiblement la terre de ses pattes arrière en remuant son popotin noir, elle ne put s'empêcher de rire.

Lupus ramassa un gravier et le lança, sans réfléchir, dans l'arrière-train du chien en vulnérable position.

–Lupus, non ! rit Flavia nerveusement. Tu vas le mettre encore plus en colère.

Lupus lui sourit malicieusement. Il prit un autre caillou et le plaça dans la fronde que Jonathan lui avait appris à utiliser.

Il s'était manifestement entraîné.

Le caillou atteignit le chien pile sur le derrière. Ferox gémit comme un chiot et les quatre enfants s'écroulèrent de rire.

Soudain, Ferox grogna et s'agita. Il essayait de revenir en arrière, sa colère s'était retournée contre ses tortionnaires. Et cette fois, il réussit à se dégager.

Nubia avait deviné ce qui allait se passer.

Quand Ferox se secoua et se retourna, la jeune esclave attrapa Nipur et le tendit à Flavia.

–Garde les chiots. Et ne faites pas un mouvement.

Jonathan serra Tigris contre lui.

Ferox se tapit. Il émit un grognement sourd.

Mais avant qu'il n'ait eu le temps de bondir, Nubia le regarda droit dans les yeux et murmura des mots d'apaisement dans sa langue natale.

Après un court instant, elle étendit doucement sa main vers lui, la paume vers le ciel et avança d'un pas minuscule mais confiant. Ferox grogna encore mais avec moins de conviction. Nubia, sans cesser de le rassurer, avança d'un nouveau pas. Le gros chien s'aplatit et quitta sa position d'attaque. Nubia avança à nouveau.

Ferox renifla ses doigts, remua vaguement la queue et détourna le regard un quart de seconde.

Nubia s'accroupit et tâtonna dans la poussière. Ses mains se refermèrent sur les anneaux de la lourde chaîne, elle se redressa et poussa un léger soupir de soulagement.

Mais soudain Tigris, qui gigotait dans les bras de Jonathan, aboya d'une voix aiguë, comme pour défier Ferox.

Le monstre se tapit à nouveau, ouvrit la mâchoire et se jeta sur Jonathan.

Flavia hurla et, instinctivement, Jonathan se jeta sur le côté.

Nubia essaya de retenir l'énorme animal mais la chaîne lui échappa des mains avec une telle force que la jeune fille tomba par terre. Les puissantes mâchoires de Ferox manquèrent Tigris d'un poil. Retroussant les babines avec rage, Ferox dérapa dans la poussière et fit une brusque volte-face pour attaquer à nouveau.

Au moment où il prenait son élan pour bondir, une espèce de fer de lance lui atteignit le flanc. Ferox tomba dans la poussière, assommé. Une grosse branche de chêne gisait à ses côtés.

–Vite, lança une voix d'homme, le filet, jette le filet !

Clio était debout sur le mur, au-dessus d'eux. Elle jeta le filet jaune sur le chien.

Son tir fut d'une magnifique précision. Quand le chien se redressa, il était prisonnier.

Un jeune homme se jeta en avant, agrippa le filet d'un mouvement habile. Ferox tomba à la renverse. Abasourdi, le chien essaya de se reprendre, mais plus il se débattait, plus il s'empêtrait dans les mailles.

– Reste en arrière, Lupus.

Jonathan tremblait des pieds à la tête.

– Il peut encore se libérer. Tigris, ne bouge pas, méchant toutou !

Jonathan serra son chien plus fort contre lui. Flavia aida Nubia à se remettre sur pied.

– Ça va ?

Nubia acquiesça mais elle frissonnait.

La porte du jardin grinça, s'ouvrit et Clio sortit en courant. Elle s'approcha, les mains sur les hanches, et jeta un regard méprisant à Ferox.

– Il est saucissonné dans le filet comme dans une feuille de vigne, remarqua-t-elle.

Lupus pouffa et Clio lui sourit.

Le chien de garde de Gaïus se roulait furieusement par terre, Flavia leva la tête vers le jeune homme qui les avait secourus. Il portait la tunique à une manche des commerçants et son torse et ses bras étaient aussi musclés que ceux d'Hercule.

– Merci, prononça-t-elle solennellement, vous nous avez sauvé la vie.

Le jeune homme boita avec précaution vers Ferox pour reprendre sa massue de bois. Flavia remarqua qu'une de ses bottes avait une forme étrange. Elle jeta un coup d'œil vers la route et vit un âne attaché à l'autel dédié à Mercure. Dans ses bâts, il portait des outils : des pinces, un marteau et une hache.

– Vulcain ! s'écria-t-elle. Vous êtes Vulcain le forgeron !

ROULEAU XIII

Scuto avait échappé à Ferox mais se retrouvait entre les griffes des petites sœurs de Clio. Elles s'étaient jetées sur lui avec des cris de plaisir. Elles l'avaient lavé, peigné et brossé, puis l'avaient massé avec une huile parfumée. Clio se porta à son secours juste à temps : les petites sœurs étaient sur le point de lui nouer des rubans dans les poils.

Il traversait maintenant la vigne en courant, laissant flotter dans son sillage un parfum de jasmin. Les chiots le suivaient en s'arrêtant pour se rouler dans la poussière en même temps que Scuto.

Vulcain, monté sur son âne gris, avait fabriqué une litière en branches de pin pour tirer Ferox, toujours empêtré dans son filet. Nubia marchait à côté de la litière en jouant de la flûte. Dès qu'elle arrêtait sa musique, le chien se mettait à gémir et gigoter.

Clio ne quittait plus Lupus et lui parlait sans cesse en agitant les bras.

–Je me demande combien de temps il va falloir à Clio pour s'apercevoir que Lupus ne peut pas parler, sourit Jonathan en regardant Flavia.

Ils fermaient tous deux la procession.

Un des esclaves de champs de leur oncle avait dû courir prévenir de leur arrivée à la ferme. Dès qu'ils émergèrent des vignes, toute la maisonnée les attendait dans la cour.

Nubia cessa de jouer et Ferox recommença à grogner.

– Que s'est-il passé ? demanda Aristo.

– Vous allez bien ? demanda Mordecaï.

– Où est Ferox ? s'inquiéta Gaïus.

Flavia s'écria :

– Oncle Gaïus ! Ferox a cassé sa chaîne et nous l'avons suivi jusqu'à une villa. Il a été coincé mais quand il s'est libéré, il nous a attaqués. C'est Vulcain qui nous a sauvés !

– Ferox a cassé sa… Qui ?

– Vulcain, le forgeron, répéta Flavia, celui que nous cherchions.

– Vous êtes Vulcain le forgeron ? demanda-t-il au jeune homme sur l'âne.

Mais l'homme ne répondit pas. Il regardait par-dessus leurs têtes vers le jardin. Son visage avait pris un air respectueux, comme s'il était témoin d'un miracle. Flavia et les autres se tournèrent pour suivre son regard.

Miriam venait d'arriver, les bras pleins de lierre et de chèvrefeuille odorant. Elle portait une stola[1]

1. Robe de femme.

bleu lavande et ses cheveux bouclés, retenus par des épingles, moussaient sur sa nuque. Vénus, elle-même, n'aurait pu rivaliser de beauté.

La chaleur étouffante n'empêcha pas Flavia et ses amis de se grouper autour de Vulcain pour le regarder réparer la chaîne de Ferox. Il était accroupi, muni d'une paire de tenailles. Sa tunique à une manche mettait en valeur ses épaules bronzées, brillantes de sueur, et sa poitrine se bombait à chacun de ses mouvements.

– Voilà, ça devrait tenir, cette fois.

Vulcain jeta un coup d'œil vers Jonathan et Lupus qui le regardaient, béats d'admiration.

– Est-ce que l'un d'entre vous pourrait m'apporter une coupe d'eau, s'il vous plaît ? J'ai très soif.

Les garçons coururent dans la maison.

Flavia ne parvenait pas à détacher son regard du forgeron. D'une certaine façon, son visage fin ne semblait pas adapté à son corps. Ses lèvres sensuelles, ses longs cils donnaient l'impression qu'un sculpteur avait posé le visage d'un poète sur le corps d'Hercule. Ses sourcils noirs se rejoignaient au-dessus de son nez et donnaient à son visage un air sombre.

Et les yeux de Flavia revenaient toujours sur cette botte à la forme étrange qu'il portait au pied droit.

Jonathan et Lupus revenaient en courant de la maison, les mains vides.

–Ma sœur tire de l'eau fraîche au puits, expliqua Jonathan.

Vulcain se tourna vers l'oncle de Flavia qui était appuyé contre l'encadrement de la porte du pressoir à olives.

–Vous pouvez lui remettre son collier maintenant.

Gaïus avait mis plus d'une heure et demie pour calmer son chien et couper le filet.

–Je crois que je vais le laisser encore un peu dans le chenil.

Gaïus s'avança.

–Merci d'avoir sauvé les enfants et merci aussi pour la chaîne.

Le jeune forgeron hocha la tête. Du dos de la main, il essuya la sueur qui perlait sur son front.

Flavia avait hâte de parler de la devinette à Vulcain, mais il y avait trop de gens qui pouvaient les entendre. Comme par exemple Clio, ou les esclaves de son oncle.

Elle décida donc d'essayer le mot de passe :

–*Asine !*

Vulcain se tourna lentement vers elle, les yeux brillants sous son unique sourcil. Puis, il regarda Miriam qui venait vers lui avec un sourire timide. Elle apportait une coupe d'eau fraîche.

Flavia frissonna. Elle avait eu l'impression que le regard de Vulcain avait transpercé son âme.

–Merci, prononça calmement Vulcain.

Sans quitter Miriam des yeux, il porta la coupe à ses lèvres et but. La sœur de Jonathan baissa les yeux.

Les cigales s'étaient tues. Une légère brise s'était levée. Dans le silence, on entendait Vulcain avaler l'eau à longues gorgées.

Soudain, Flavia sentit ses jambes flageoler. La poitrine oppressée, elle s'accrocha à Nubia qui s'accrochait justement à elle au même moment. Dans les bras l'une de l'autre, les deux jeunes filles levèrent la tête au moment où Miriam tombait dans les bras de Vulcain.

– Que se passe-t-il par Hadès ?

Jonathan, par terre dans la poussière, se demandait pourquoi Vulcain tenait sa sœur ainsi contre lui.

On aurait dit que la cour de la ferme avait été soudainement secouée par la main d'un géant. Ils avaient tous vacillé, Lupus et Clio avaient perdu l'équilibre, les colombes étaient sorties de leur abri, les poules couraient hors du poulailler. Dans l'écurie, les chevaux hennissaient et dans le jardin, les chiens aboyaient.

Vulcain remit doucement Miriam sur pied. Elle avait le visage plus pâle que de l'albâtre.

La fine poussière de la cour s'était élevée en un nuage, elle commençait déjà à retomber.

– Tremblement de terre, expliqua l'oncle de Flavia, en aidant Clio à se remettre debout.

Puis, il tendit la main à Jonathan, avant d'ajouter :

– Pas de quoi s'inquiéter. Nous en avons eu plusieurs petits cet été. Celui-là n'était pas trop méchant. Enfin, je vais quand même aller faire le tour de la ferme avec Xanthus, pour m'assurer que rien n'a été abîmé.

Gaïus était sur le point de s'éloigner mais il revint sur ses pas :

– Je suppose que vous êtes un peu secoués. Miriam, peux-tu demander à Frustilla de préparer le repas tout de suite ? Je vous rejoins dans un instant. Vulcain et Clio, j'espère que vous accepterez mon invitation ?

Lupus suivit Vulcain dans le jardin. Il admirait le dos musclé du forgeron et se demandait pourquoi il boitait. Le père de Jonathan avait dû se poser la même question, car quand Vulcain entra dans la salle à manger, il s'approcha de lui, le visage inquiet :

– Tu es blessé, tu boites.

Vulcain rougit.

– Ce n'est rien. C'est de naissance.

– S'il te plaît, insista le docteur.

Il fit signe à Vulcain de s'allonger puis hocha la tête vers Miriam qui venait d'entrer avec une cruche et un bassin de cuivre. Mordecaï se sécha les mains sur le linge de lin qui pendait à son bras. Puis il se tourna vers Vulcain qui était installé sur un divan bas.

Lupus et les autres essayèrent de voir ce que faisait Mordecaï, mais il leur tourna le dos et sa large robe bleue dissimulait le pied de Vulcain à leur regard. Le docteur posa la botte du forgeron par terre et pencha sa tête enturbannée vers le pied.

– Ah, murmura Mordecaï pour lui-même, pied bot ! Ce n'est pas un cas bien grave…

Il examina le pied de Vulcain quelques minutes puis aida le jeune homme à remettre sa chaussure.

– Cette anomalie aurait pu être corrigée à ta naissance, quand tes os étaient encore souples.

Il trempa ses mains dans le bassin et les essuya à nouveau sur le linge.

– Elle aurait pu être corrigée, répéta-t-il, tes parents ne le savaient donc pas ?

Les yeux de Vulcain s'emplirent de larmes, mais elles ne coulèrent pas. Sa voix resta ferme quand il s'adressa à Mordecaï :

– J'ignore qui sont mes parents, monsieur, j'ai été abandonné à la naissance.

ROULEAU XIV

Flavia se sentait triste. Elle avait traité d'âne un pauvre orphelin affligé d'un pied bot. Comment oserait-elle lui parler du trésor à présent ?

D'un geste las, elle repoussa les olives noires sur le bord de son assiette. Elles étaient très épicées et soudain l'appétit lui manquait.

Son oncle Gaïus revint de sa tournée d'inspection. Il se lava rapidement les mains dans le bassin de cuivre et s'allongea sur le divan près d'Aristo. Il se servit un morceau de fromage.

– Il n'y pas trop de dégâts, annonça-t-il la bouche pleine, quelques tuiles ont glissé du toit et le pressoir à olives est fendu. Je suis bien content que tu aies reçu notre message, Vulcain. Je vais vraiment avoir besoin des services d'un forgeron pendant quelques jours. J'espère que cela ne te dérange pas de dormir dans le quartier des esclaves ?

– Absolument pas, répondit le forgeron en jetant un rapide coup d'œil vers Miriam.

Il y eut un silence.

Nubia fut la première à reprendre la parole.

–Vous êtes le dieu Vulcain du montolimpe ?

Vulcain esquissa un sourire.

–Non, Vulcain est seulement mon surnom. Il n'est pas difficile de deviner la raison pour laquelle on m'appelle ainsi. Je n'aime pas mais je n'ai pas le choix.

Flavia se sentit encore plus mal. S'il n'aimait pas s'entendre appeler Vulcain, il devait encore moins aimer se faire traiter d'âne.

Le forgeron prit un petit morceau de fromage et le reposa.

–Je ne connais pas mon vrai nom. J'ai été trouvé par une esclave, emmailloté dans des langes sur les berges de la rivière Sarnus. Elle m'a apporté à ses maîtres qui m'ont donné à un des esclaves affranchis, un forgeron. Mon pied ne dérangeait pas mes parents adoptifs. Ils m'ont aimé comme si j'avais été leur véritable enfant et m'ont appelé Lucius. Mais depuis qu'ils sont morts, plus personne ne l'utilise.

–Moi aussi j'ai été adoptée, lança soudain Clio.

Elle était assise à la table entre Lupus et Flavia.

–Nous sommes neuf sœurs et nous avons toutes été adoptées.

–Extraordinaire, murmura Mordecaï.

Puis il se tourna vers Vulcain :

–Continue, s'il te plaît.

–Il n'y a pas grand-chose à ajouter. Nous avons déménagé à Rome alors que je n'étais encore qu'un bébé. C'est là que j'ai grandi. Mon père m'a appris la forge et ma mère à lire et à écrire. Ils sont morts il y a un an. J'avais seize ans. Je me suis occupé de régler leurs dernières affaires, je suis venu ici. Je cherche mes vrais parents.

–Mes vrais parents à moi sont morts, souffla Clio.

Elle prit une poignée d'olives.

–Père dit qu'ils sont morts de la peste. Je ne les ai jamais connus.

–Tu souhaites te venger de tes parents pour t'avoir abandonné ? demanda Jonathan à Vulcain.

–Jonathan ! gronda Mordecaï.

Vulcain baissa la tête, puis regarda Jonathan à travers ses longs cils.

–Non. Je ne veux pas me venger. Je veux les retrouver. C'est pour cette raison que je suis revenu à Pompéi. Pendant une année entière, je les ai cherchés dans toute la ville. En vain. Quand Brutus, le forgeron itinérant, est mort, j'ai acheté son âne. Maintenant, je peux visiter toutes les fermes et les villages des environs. Si mes parents sont encore dans la région, je sais que je les trouverai !

Il serra le poing et les muscles de son bras se contractèrent.

–Mais comment les reconnaîtras-tu ? demanda Jonathan.

–Je crois… commença Vulcain.

Mais il s'arrêta.

–Je ne sais pas mais je dois y arriver !

– Pourquoi n'as-tu pas parlé à Vulcain du trésor ? s'enquit Jonathan auprès de Flavia, après le déjeuner.

Ils avaient amené Clio dans leur cabane. Les adultes faisaient la sieste. Jonathan s'assit en tailleur sur la plate-forme qu'ils venaient de terminer. Il taillait la pointe d'une flèche avec un petit couteau.

– Un trésor ! s'exclama Clio.

Elle était assise sur une branche au-dessus de lui, dissimulée par les feuilles.

– Quel trésor ?

Flavia fit les gros yeux à Jonathan.

– Voilà pourquoi je n'en ai pas parlé, grommela-t-elle. Et puis je pense qu'il est en colère contre moi pour l'avoir traité d'âne.

– C'était... un peu osé, reconnut Jonathan.

Clio sauta sur la plate-forme près de Flavia et Jonathan.

– C'est quoi le trésor ?

Flavia lui expliqua, sans oublier de mentionner la devinette.

– C'est pour ça que tu l'as traité d'âne !

Clio pencha la tête sur le côté.

– Et tu m'as dit qu'il s'appelait comment celui qui t'a donné cette énigme ?

– Notre ami Pline. C'est un amiral célèbre. Il a écrit des tas de livres.

– Il nous a donné cette énigme parce qu'on lui avait sauvé la vie, ajouta Jonathan.

Les yeux de Clio étincelèrent.

–C'est un gros monsieur, tout vieux avec des cheveux blancs et une drôle de voix ?

Lupus éclata de rire du haut de son perchoir et Nubia rit derrière sa main.

–Il n'est pas gros, protesta Flavia en se redressant, il est juste un peu… corpulent.

–Tu le connais ? demanda Jonathan à Clio.

–Évidemment. C'est un ami de mes parents. Il passe souvent à la villa. D'ailleurs, il vient dîner dans quelques jours.

–C'est vrai ? s'écria Flavia. Ce serait génial que nous puissions venir aussi ! Nous pourrions lui dire que nous avons retrouvé Vulcain et que nous avons presque résolu l'énigme.

Clio posa ses yeux noirs et brillants sur Flavia et secoua énergiquement le menton.

–Je vais vous envoyer une invitation.

–Dans ce cas, déclara Flavia, nous allons faire un effort pour trouver le trésor rapidement !

–Il est dans la cabane à outils près du cellier, dit Xanthus.

Flavia savait où était la cabane à outils. C'était une pièce sombre et fraîche, remplie de crochets, de socs de charrues, de pioches, de houes et de différentes parties d'harnachement. Ils ouvrirent la porte battante et jetèrent un coup d'œil à l'intérieur mais Vulcain n'était pas là. Pourtant, quelqu'un était entré dans la pièce peu de temps auparavant. Les chiots passèrent entre les jambes de Flavia et reniflèrent le sol. Un endroit venait d'être dégagé et, contre le mur, un four en brique avait été commencé.

– Chut, dit Jonathan, vous entendez ?

Ils tendirent l'oreille. Du cellier, de l'autre côté de la cabane à outils, leur parvenait une étrange rumeur, interrompue par des imprécations et des murmures.

– C'est horrible, souffla Clio, qu'est-ce que c'est ?

Nubia frissonna et serra le bras de Flavia.

Scuto gémit.

– On dirait que quelqu'un est en train de se faire assassiner, murmura Jonathan d'une voix blanche.

ROULEAU XV

Flavia éclata de rire.

–Ne vous inquiétez pas ! C'est le jus de raisin dans les tonneaux. Ça fait ce bruit quand il se transforme en vin. Des fois, on a même l'impression que les barriques crient. Venez !

Ils traversèrent la cabane à outils et Flavia poussa une porte qui menait au cellier. C'était une pièce immense avec des murs épais. Elle était sombre et fraîche. Quand ils entrèrent, une forte odeur de fermentation prit Flavia aux narines et lui donna la nausée.

Vulcain, dans la semi-obscurité, appuyé sur sa canne en bois, parlait tranquillement avec trois esclaves. Quand il aperçut Flavia, il s'arrêta.

–Nous construisons la forge, expliqua-t-il en désignant un tas de briques du menton.

Les trois esclaves se levèrent en hâte et reprirent leur travail. Vulcain boita jusqu'à la porte pour vérifier qu'ils travaillaient bien.

–Tu voulais me parler ? demanda-t-il à Flavia.

Sa voix était douce mais ses sourcils noirs lui donnaient toujours le même air triste.

Les esclaves se passaient les briques par la porte. Derrière eux, le vin dans les barriques continuait de grogner et de gémir. Flavia eut un frisson qu'elle ne put contrôler.

– Ça n'a pas d'importance, murmura-t-elle, ça peut attendre.

– Qu'est-ce qui t'arrive ? lui demanda Jonathan une minute plus tard. Pourquoi ne lui as-tu pas parlé du trésor ?

– Euh… à cause des esclaves, marmonna Flavia. Je ne pouvais rien demander devant eux. Nous devons le voir seul.

Mais les heures passaient et le jeune forgeron était toujours accompagné d'au moins un esclave. Flavia s'était résolue à patienter.

Cette nuit-là, Flavia rêva de sa mère.

Dans son rêve, elle était à Ostia, dans le jardin de la villa. Son père et sa mère étaient assis sous le figuier près de la fontaine. Ils riaient et parlaient. Flavia jouaient avec les jumeaux qui avaient l'âge de Lupus.

Flavia s'éveilla à l'heure la plus noire de la nuit. Elle se sentait terriblement angoissée. Elle le savait, sa mère et ses frères n'étaient que des ombres errant dans le monde des morts et poussant des cris de chauve-souris. Elle essaya de retrouver les images de son rêve, d'imaginer sa mère et ses frères dans un jardin ensoleillé, mais elle n'y parvint pas. De grosses larmes coulèrent sur ses joues, jusqu'à ses oreilles. Elle aurait donné tous les trésors du monde, tout ce qu'elle possédait, même sa vie, pour que ce rêve devienne réalité.

Le matin de Vinalia[1], la fête du vin, le ciel était d'un bleu magnifique, mais Flavia se réveilla fatiguée par sa mauvaise nuit. Nubia et les chiens étaient déjà levés, sans doute partis prendre leur petit déjeuner. Flavia se sentait sans énergie. Elle s'aspergea le visage d'eau tiède et sortit dans le jardin. C'était l'heure de la leçon.

Les autres étaient assemblés autour de la table en fer forgé. Ils examinaient un objet. Même les chiens semblaient intéressés. En voyant Flavia s'approcher, Nubia redressa son visage noir et cria :

– Flavia, regarde ce que Miriam a trouvé devant sa porte !

Flavia soupira et allongea le pas. Les autres se poussèrent pour lui laisser une place.

Sur la table, était posée une petite cage en bois, avec une minuscule porte et une poignée sur le dessus. À l'intérieur était perché un petit moineau aux yeux vifs.

1. Fête de la fin de l'été, dédiée à Vénus. Elle avait lieu aux alentours du 19 août.

– Comme il est joli, s'exclama Flavia. Où l'as-tu trouvé ?

– Devant sa porte, ce matin, expliqua Jonathan. Aristo affirme que Miriam doit avoir un admirateur.

– Qui est-ce, Miriam ? demanda Flavia.

Elle avait déjà oublié son mauvais rêve.

– Qui est ton admirateur ?

Miriam rougit :

– Je ne sais pas.

Aristo sourit.

– Un moineau est un cadeau traditionnel qu'un homme fait à la femme qu'il aime. Le poète Catulle[1] a même écrit un poème sur un moineau qu'il a offert à sa bien-aimée. Il décrit le petit oiseau sautillant sur les genoux de sa belle amie.

– Tu crois qu'il est apprivoisé ? souffla Flavia.

– Sans doute, répondit Aristo, il suffit de le sortir de sa cage et nous le saurons.

Il tira sur la minuscule porte et glissa un doigt dans la cage. Le moineau hocha la tête et regarda le doigt, les yeux brillants. Il sautilla jusqu'à la porte et pépia. Puis il sauta sur le doigt d'Aristo. Flavia poussa un petit cri d'excitation mais Nubia posa sa main sur son bras pour qu'elle se calme.

Très lentement, Miriam approcha son index près de celui d'Aristo. Ils se touchaient presque.

1. Poète latin, célèbre pour ses poèmes d'amour.

Après un instant, le moineau sauta sur le doigt de Miriam. Scuto, hypnotisé par l'oiseau, poussa un gémissement.

– Oh, rit Miriam, il me chatouille !

– Assieds-toi, murmura Jonathan, peut-être qu'il va sautiller sur tes genoux.

Flavia rit :

– Il ne le fera pas si les chiens continuent de se lécher les babines de cette manière.

– Je les emmène, lança solennellement Nubia.

– Je viens avec toi !

Flavia était ravie : elle avait maintenant deux mystères à résoudre. Trouver le trésor de Vulcain et découvrir l'admirateur secret de Miriam.

Il y avait encore de nombreuses coutumes que Nubia avait du mal à comprendre dans ce monde nouveau pour elle.

Plus tard dans l'après-midi, quand l'oncle Gaïus les emmena tous à Pompéi pour participer à la fête de Vinalia, elle ne comprit pas pourquoi, dans le temple, le prêtre piétinait une poignée de grappes de raisins sur la carcasse sanguinolente d'un mouton. Quand ils allèrent au théâtre, elle ne comprit pas non plus pourquoi les hommes sur la scène portaient des masques alors que les femmes dans le public gardaient le visage découvert.

Lorsqu'ils rentrèrent à la ferme, elle ne comprit pas pourquoi, à cause de la date, ils devaient manger de l'agneau grillé, assis sur de vieux tapis, dehors, près des vignes à l'ombre des oliviers. Elle se demandait pourquoi Flavia avait le droit de tendre à son oncle un morceau de pain de la main gauche. Dans son pays, c'était une grave insulte, car la main gauche ne devait servir qu'à s'essuyer les fesses. Et elle pensait qu'elle ne comprendrait jamais pourquoi les Romains laissaient une vieille femme comme Frustilla servir des hommes jeunes comme Aristo ou Vulcain.

Cependant, il y avait une chose qu'elle était parfaitement capable de comprendre : l'échange de regards entre une jeune fille et son amoureux. Elle avait remarqué ces œillades si souvent au marché aux épices, quand les tribus se rencontraient pour acheter et vendre.

À la fin de la journée, alors qu'ils rentraient à travers les vignes et sous le ciel gris pâle du crépuscule, Nubia savait que Miriam était amoureuse et elle savait également de qui.

ROULEAU XVI

Clio leur avait promis une invitation et en effet, le matin suivant, alors qu'ils venaient de terminer leur cours de musique, on frappa à la porte d'entrée. Ce qui était assez rare à la ferme de Gaïus. Un jeune esclave vêtu d'une tunique blanche faisait les cent pas dans le jardin. Pendant un instant, il regarda Miriam d'un air béat, puis se reprit.

Gaïus et Mordecaï apparurent à la porte de la bibliothèque, attirés par la voix de l'esclave qui récitait :

– Titus Tascius Pomponianus invite son voisin Gaïus Flavius Geminus senior à dîner à la villa Pomponiana.

« S'il vous plaît, venez chez moi accompagnés de votre famille et de vos invités à la dixième heure demain pour un dîner léger. L'entrée sera composée de moules sauce au vin et le plat principal, un turbot pêché aujourd'hui même. Vous seront également servis des œufs de cailles, du fromage de chamelle d'importation et des olives grecques.

« Mes enfants joueront de la musique pour nous divertir et notre invité d'honneur sera l'amiral Pline, commandant de la flotte à Misenum.

L'esclave jeta un œil vers Miriam, s'humidifia les lèvres nerveusement et continua :

– Ma jeune maîtresse Clio Pomponiana ajoute que les jeunes femmes de la maison de Gaïus sont invitées à se baigner…

La voix du jeune esclave s'étrangla et il reprit un ton plus haut.

– … à se baigner avec elle dès la neuvième heure aux thermes privés de la villa.

Flavia rit et regarda Nubia et Miriam.

– Je crois qu'il parle de nous.

– Pourrons-nous y aller, Père ? demanda Miriam. Demain est jour de shabbat.

– Peux-tu te rendre à cette villa à pied ? s'enquit Mordecaï.

– C'est tout près, le renseigna Gaïus.

Mordecaï sourit.

– Parfait ! Je me réjouis de cette occasion de rencontrer l'amiral Pline à nouveau.

– Informe ton maître que nous acceptons l'invitation avec plaisir, lança Gaïus en s'inclinant solennellement vers l'esclave.

Après le départ de l'esclave rougissant, l'oncle de Flavia frappa dans ses mains et les frotta énergiquement l'une contre l'autre.

– Tascius vit dans cette villa depuis plus d'un an et c'est la première invitation qu'il m'envoie. Je vous le dois à tous, les enfants !

Flavia n'avait toujours pas réussi à trouver un moment pour parler seule à seul avec Vulcain, mais le matin suivant, elle découvrit un nouvel indice concernant le mystérieux admirateur de Miriam.

La sœur de Jonathan venait de déposer le plateau du petit déjeuner sur la table. Elle portait une stola gris-bleu et un châle lilas noué autour de la taille. Elle chantonnait. Flavia soupira : jamais, elle ne serait aussi élégante et gracieuse.

Soudain, Jonathan attrapa le poignet de sa sœur et le garda quelques instants. Miriam portait un bracelet d'argent incrusté d'améthystes.

– Il est très beau, remarqua Flavia, il est nouveau ?

Miriam rougit.

– Qui te l'a donné ? demanda Jonathan abruptement.

Miriam haussa les épaules.

– Tu l'as trouvé devant ta porte ?

Miriam secoua affirmativement la tête. Jonathan se renfrogna.

– Pourquoi est-ce qu'on t'offre tant de cadeaux ?

Flavia savait que ses cauchemars l'avaient mis de mauvaise humeur.

Dans le figuier, au-dessus d'eux, un oiseau chanta joliment et Aristo entra dans le jardin. Il avait l'air mal réveillé et fourbu, mais il avait malgré tout beaucoup de charme avec sa tunique terre de sienne et ses bottes à lacets assorties.

« Si Miriam était un métal, elle serait de l'argent, pensa Flavia, et Aristo du bronze. »

– Désolé, dit-il en tirant sa chaise, j'ai eu une nuit difficile.

Il jeta à Miriam un regard en coin.

– Joli bracelet, remarqua-t-il, il est nouveau ?

Plus tard, en début d'après-midi, Nubia arriva dans le jardin en courant. La porte claqua et Flavia releva la tête du rouleau de mystères que Pline lui avait offert. Les garçons étaient partis promener le chien et les adultes se reposaient à l'intérieur.

– Vulcain est dans l'écurie, lança Nubia essoufflée, il est seul.

– Enfin ! s'exclama Flavia.

Elle posa le rouleau sur la table et suivit Nubia.

Vulcain adressa un signe de tête aux filles quand elles entrèrent dans l'écurie. Il avait enlevé son âne du box où il l'avait installé et était en train de l'étriller.

Nubia s'approcha et regarda Vulcain brosser l'animal avec vigueur. Flavia se hissa sur la porte d'un box, s'y assit et donna des coups de talon dans le bois. Elle espérait que Vulcain lui avait pardonné de l'avoir traité d'âne devant Miriam.

–Vulcain, commença-t-elle en mâchouillant un brin de paille, as-tu déjà rencontré l'amiral Pline ?

–Je ne crois pas.

Il donnait de longs et efficaces coups de brosse.

–Il te connaît pourtant.

De fins rais de lumière éclairaient la poussière de l'étable. Une odeur âcre de paille, de crottin de cheval et d'huile pour les selles flottait dans l'air.

–Il se peut que je l'aie rencontré, marmonna prudemment le forgeron. Beaucoup de gens riches et célèbres viennent passer l'été à Pompéi.

Flavia prit une longue inspiration.

–Tu ne te rappelles pas avoir donné à l'un d'entre eux une énigme à résoudre ?

Vulcain arrêta de peigner son âne et la regarda fixement.

–C'est pour cela que tu m'as traité d'âne…

–Pline nous a dit que si nous trouvions la réponse à l'énigme, nous aurions accès à un grand trésor, « un trésor plus précieux que tout ce que vous pouvez imaginer »…

Vulcain tendit le peigne à Nubia et lui fit signe de prendre la relève. Nubia, ravie, s'occupa avec soin du pelage gris clair de l'âne.

–Il s'appelle Modestus, dit Vulcain en caressant doucement le chanfrein de l'animal, parce que c'est un animal humble. Il porte tous les fardeaux que vous lui mettez sur le dos. Chez le boulanger, il va moudre le grain pendant toute sa vie sans une plainte.

Au printemps, quand il change de pelage, une croix se dessine sur son dos. Juste là, où Nubia est en train de le brosser. Cette croix est le symbole du sacrifice et de la soumission.

Nubia s'arrêta.

– C'est quoi la soumission ?

– C'est quand vous acceptez les événements tels qu'ils viennent, même si vous êtes assez forts pour vous y opposer. Comme certains esclaves.

Vulcain se tourna vers Flavia.

– L'âne est également un symbole de paix. Si un roi monte à cheval, c'est pour partir à la guerre. S'il monte un âne, il vient en paix.

Flavia fronça les sourcils et sauta de son perchoir.

– Mais… et le trésor ?

Vulcain la transperça de son regard noir.

– Tu es déjà riche, Flavia. Tu es née dans une bonne famille. Tu possèdes même ta propre esclave. Pourquoi veux-tu être plus riche encore ?

La question surprit Flavia.

– Dis-moi Flavia Gemina, reprit Vulcain en croisant ses bras musclés sur sa poitrine, quel serait pour toi, le plus grand des trésors ?

– Une pièce emplie de rubis, d'émeraudes et de pièces d'or…

– C'est ce que répondent la plupart des gens. Mais réfléchis encore, que serait pour toi le trésor le plus précieux ?

Derrière Flavia la porte grinça en s'ouvrant. Vulcain leva la tête, l'expression de son visage changea.

Flavia se retourna. Miriam était à l'entrée de l'écurie. Elle portait sa plus élégante stola violette et un châle abricot.

– Bonjour Vulcain, dit-elle doucement avant de s'adresser aux filles, je vous ai cherchées toute la journée. Il est bientôt la neuvième heure et il est temps d'aller chez Clio. Si nous ne nous dépêchons pas, nous serons en retard.

Flavia, Nubia et Miriam couraient presque à travers les vignes. Clio les attendait de l'autre côté de la route, à la porte de la villa Pomponiana. Une fille plus âgée se tenait près d'elle.

– Enfin ! Vous voilà, s'écria Clio. Je commençais à m'inquiéter. Je vous présente Thalia ma sœur aînée. Elle a quatorze ans. À peu près comme toi, Miriam, c'est bien ça ?

Miriam acquiesça.

– Thalia est fiancée, précisa Clio, montre-leur ta bague !

Avec ses yeux un peu protubérants et sa grande bouche, Thalia ressemblait à une grenouille heureuse. Elle montra fièrement son annulaire gauche et les filles admirèrent sa bague de fiançailles : deux mains jointes autour d'un grenat. Puis Thalia entraîna Miriam à travers le jardin ombreux, jusqu'aux thermes.

Quand on entrait dans les thermes de la villa Pomponiana, on avait l'impression d'être vraiment sous l'eau : des poissons peints nageaient sur les murs bleus, le sol était couvert de mosaïque noire et blanche sur laquelle des tritons poursuivaient des sirènes aux visages souriants. Les filles se déshabillèrent et deux femmes-esclaves prirent leurs vêtements pour les brosser et les parfumer.

Timidement, les quatre filles nues essayèrent les quatre pièces.

Dans la première, elles se trempèrent dans une piscine de marbre vert, pleine d'eau chaude parfumée à la vanille. Puis elles entrèrent dans le sauna, où elles restèrent aussi longtemps qu'elles le purent sur les bancs de cèdre. Enfin, après le bassin d'eau glacée, elles se précipitèrent dans la dernière pièce où les deux esclaves les attendaient avec de douces serviettes de lin.

Le solarium, avec ses épais carreaux qui concentraient la chaleur du soleil, ses dalles de marbre et ses divans moelleux, était l'endroit où elles eurent droit à un soin de peau, un massage, une séance de manucure et de coiffure. Il donnait sur la pièce chaude et le circuit pouvait être ainsi repris du début.

À peu près sèches, les filles se couvrirent le corps d'huiles parfumées.

– Tu as de la corne sur les talons, commenta Thalia en regardant les pieds de Flavia. Veux-tu que Gerta te les passe à la pierre ponce ?

– C'est quoi la pierre ponce ?

– C'est une pierre spéciale. Ça vient de Sicile, répondit Thalia, en faisant signe à une des esclaves d'approcher.

– Oh, s'exclama Flavia en prenant la petite pierre grise dans sa main, elle est si légère et si dure en même temps ! On dirait une vieille éponge.

Elle la passa à Nubia qui, après l'avoir examinée à son tour, la repassa à Gerta.

– Ça chatouille !

Flavia riait pendant que l'esclave lui frottait vivement les talons. Grâce à ce traitement, la plante de ses pieds était devenu douce comme de la soie. Flavia s'allongea sur un des divans, s'enveloppa dans une serviette et en attendant son tour d'être massée, elle pensa à Vulcain.

Les esclaves montraient leur talent de coiffeuse. Rapidement, avec des gestes sûrs, la première remontait l'épaisse chevelure de Miriam, dégageant sa nuque, dans un style sobre et simple. L'autre esclave arrangeait les cheveux frisottés de Thalia, qui semblait du coup presque aussi élégante que Miriam. Nubia les regardait, fascinée.

Quand leur coiffure fut terminée, Thalia regarda Miriam et soupira avant de lancer gaiement :

– Tu es absolument magnifique et tellement distinguée. Je suis sûre que tu pourrais te choisir n'importe quel homme.

– Miriam a déjà des douzaines d'admirateurs, s'écria Flavia.

Elle essayait de regarder Thalia sans bouger la tête pour ne pas gêner Gerta, qui avait commencé à la coiffer.

– On lui a offert un moineau et un bracelet, et tous les esclaves de mon oncle s'arrêtent de travailler quand elle apparaît.

– Tu es amoureuse Miriam ?

Miriam rougit.

– Pas la peine de le cacher, souffla Thalia, je le devine toujours au premier coup d'œil.

Miriam sourit imperceptiblement.

Flavia tourna brusquement la tête. Une épingle d'ivoire se planta dans son cuir chevelu.

– Tu es amoureuse ! De qui ? Dis-nous Miriam !

Mais à ce moment, la table commença à trembler. Un miroir à main en bronze glissa sur le bord du divan et tomba sur le sol. Sa chaise tremblait également. Elle s'apprêtait à demander à l'esclave d'arrêter quand Thalia se mit à crier :

– Un tremblement de terre ! Sortez, courez ! Vite !

ROULEAU XVII

Propres et parfumées mais uniquement vêtues de serviettes nouées autour d'elles, les filles se tenaient dans la cour chaude. La villa tremblait autour d'elles.

– Père ! Au secours ! hurla Thalia, Père !!!

Un instant plus tard, un homme avec des sourcils qui lui donnaient un air féroce et des cheveux gris coupés court les rejoignit en courant. Le tremblement de terre avait apparemment coupé court à ses propres préparatifs : il portait une tunique, mais ses pieds étaient nus et sa toge pendait sur son épaule comme une pauvre couverture.

– Pas de panique, les filles, ordonna-t-il, restez où vous êtes. Vous ne risquez rien, ce n'est qu'un petit tremblement de rien du tout, regardez, c'est déjà terminé.

Thalia s'était jetée, en larmes, dans les bras de son père.

– Là, là, ne t'en fais pas. Je t'ai déjà dit de ne pas t'inquiéter pour ces petits tremblements. Regarde, Clio n'a pas peur, elle.

Il éloigna Thalia sans la lâcher et observa son visage rouge et décomposé.

– Ça va mieux maintenant, ma beauté ?

Thalia renifla. Son père se tourna vers Flavia et Miriam.

– Bonjour les filles.

Son large sourire laissait apparaître une rangée de fausses dents en bois, magnifiquement imitées.

– Je suis Titus Tascius Pomponianus, maître de cette maisonnée. Je suis absolument navré que votre bain ait été interrompu par ce léger tremblement. Ils sont fréquents dans la région. Je vous propose maintenant d'aller vous habiller, les autres invités sont déjà arrivés. Il est presque l'heure du dîner.

La spacieuse salle à manger de la villa Pomponiana était ouverte sur trois côtés. Le toit était maintenu par de hautes colonnes blanches, peintes en noir à leur base. Des rideaux de voile de lin pouvaient être tirés si la lumière devenait éblouissante, mais pour le moment, le soleil se couchait derrière les pins et ils étaient donc ouverts.

Flavia resta béate d'admiration devant l'étonnante vue.

Une pelouse en pente, éclairée par la lumière rasante du soleil, s'étendait jusqu'à la baie bleu indigo, derrière laquelle se découpait le mont Vésuve.

Quand elle se retourna, tout le monde était déjà arrivé. Lupus et Jonathan avaient enfilé leur plus belle tunique. Ils étaient assis à la table de marbre, en compagnie de sept jeunes filles aux cheveux noirs. Mordecaï, Aristo et Gaïus étaient allongés. Et elle reconnut un autre visage familier.

– Amiral Pline !

L'amiral n'avait pas changé, dodu et gai, avec sa couronne de cheveux blancs et ses yeux noirs qui reflétaient l'intelligence. Il portait la même tunique rouge délavé que le jour où il les avait invités. Et le même scribe grec se tenait derrière lui, un encrier attaché autour du cou.

– Flavia Gemina ! s'écria gaiement Pline. Comme je suis heureux de vous revoir !

Flavia rougit de plaisir, ravie que l'amiral n'ait pas oublié son nom.

– Amiral Pline, nous avons résolu l'énigme et également trouvé... Hé !

Un serveur l'entraînait fermement vers la table et l'amiral s'était retourné pour reprendre sa conversation avec Tascius.

– Flavia, Miriam et Nubia, je vais vous présenter mes autres sœurs, lança Clio : Melpomène, Calliope, Euterpe, Terpsichore, Érato, Polymnie et... Uranie, laisse Lupus tranquille ! Et en plus, tu as pris ma place alors, vas-t'en !

– Toi et tes sœurs portez le nom des neuf Muses ? demanda Flavia en s'asseyant.

Clio se tourna vers Lupus.

–Mon nom est celui de la muse de l'histoire !

Trois femmes-esclaves entrèrent dans la pièce pour apporter du vin et des friandises apéritives. La plus jolie des trois portait une couronne de lierre noir et de roses miniatures. Chacun des dix-neuf convives portait une couronne et une vingtième avait été posée entre Pline et Tascius sur le divan central. Elle était destinée à la femme de Tascius qui était un peu en retard.

Thalia était la seule sœur assez âgée pour avoir le droit de s'allonger. Elle s'était installée près d'Aristo. Elle avait beau être fiancée, Flavia trouvait qu'elle lui lançait des longs regards langoureux.

Derrière chacun des trois divans, un esclave était prêt à découper la viande, ramasser une serviette tombée, remplir les verres de vin ou, en ce qui concernait l'amiral, à prendre des notes.

–Je vous prie de m'excuser, annonça Pline de sa voix sifflante, si je dicte de temps à autre quelques lignes à mon scribe. Je suis en train d'écrire une étude de la religion romaine et j'ai fait le vœu de terminer mon ouvrage avant le Saturnalia. Il ne me reste donc pas plus de quatre mois.

Tascius sourit en montrant ses dents de bois.

–Nous savons que vous détestez être séparés de votre stylet et de vos tablettes, amiral.

Il se tourna vers les autres convives :

– L'amiral a écrit sept œuvres complètes. Au moins une centaine de rouleaux en tout. Son premier livre était une biographie de mon père, c'est ainsi que nous nous sommes rencontrés.

Pline dressa l'index.

– Ce n'est pas tout à fait exact, mon cher Titus, mon premier livre était un manuel qui expliquait comment manier le javelot à cheval.

– Je le connais, lança l'oncle de Flavia, on nous demandait de le lire quand je faisais mon service militaire.

Pline eut l'air ravi.

– Je dois avouer que le livre que je suis en train d'écrire sera le meilleur de tous. Mon *Histoire naturelle* n'était composée que de trente-sept volumes. Celui-ci approchera les cinquante.

Il se tut quand les esclaves apportèrent l'entrée. Des œufs de cailles au miel, accompagnés d'une sauce au poisson, de carrés de fromage de chamelle et d'olives rouges de Kalamata.

Pendant que les autres mangeaient, Clio se leva pour chanter. Érato l'accompagna à la lyre et Melpomène, sa plus jeune sœur, à la flûte double. Propre et les cheveux relevés, Clio semblait une autre personne. De sa voix haute et douce, elle entonna avec confiance une chanson populaire appelée *Le Corbeau et la Colombe*. Les convives semblaient aux anges.

Tascius regarda affectueusement sa fille adoptive et quand Clio eut fini de chanter, il applaudit avec presque autant d'enthousiasme que Lupus.

– Racontez-nous comment vous vous y êtes pris pour avoir une aussi grande famille, demanda oncle Gaïus à Tascius, quand les applaudissements s'arrêtèrent, et d'aussi grands talents…

L'ancien soldat passa ses mains dans ses cheveux courts.

– Ma femme, commença-t-il, une femme merveilleuse, a eu un bébé. Mais il nous a été volé alors qu'il n'était encore qu'un nourrisson. Des marchands d'esclaves, sans doute. Nous n'avons jamais reçu de demande de rançon.

– Votre bébé a été volé ? s'écria Flavia se redressant sur sa chaise. Comment est-ce arrivé ?

Son oncle secoua la tête et fronça les sourcils. Mais Tascius ne sembla pas offensé.

– Nous étions à notre villa d'Herculaneum, expliqua-t-il. Ma femme, Rectina, dormait dans sa chambre avec l'enfant. Les voleurs devaient être deux. Ils se sont sans doute passé le bébé par la fenêtre. Quand Rectina s'est réveillée, le nourrisson avait disparu. Nous avons puni nos esclaves, proposé des récompenses, mais nous ne l'avons jamais retrouvé.

– C'était un garçon ? demanda Flavia, sans se préoccuper du regard sévère que lui jetait son oncle.

– Il n'avait que quelques semaines, répondit Tascius, ma femme ne s'en est jamais remise.

– Je vous prie d'excuser la curiosité de ma nièce, prononça Gaïus, nous sommes vos hôtes et c'est très impoli de…

– Ne vous tracassez pas, il n'y pas d'offense. C'est la raison pour laquelle, ma femme et moi avons adopté tous ces magnifiques enfants. Nous avons d'abord cru que nous pourrions en avoir d'autres, mais rien ne s'est jamais produit. Quelques années après la disparition de notre fils, Rectina ramena à la maison un petit bébé. Une orpheline. Je l'ai appelée Thalia.

Il sourit à sa fille aînée.

– Après, les gens se sont mis à nous amener les enfants abandonnés. J'adore la musique et j'ai donc donné à mes filles le nom des Muses et je leur ai appris à jouer.

– Vous n'avez pas de garçon ? s'enquit Jonathan.

– Les bébés garçons sont assez rarement abandonnés, répliqua Tascius. Et puis, nous gardons l'espoir de retrouver un jour notre fils.

Il fut interrompu par les murmures d'approbation qui accompagnaient l'entrée des trois esclaves chargées du plat principal : un énorme turbot sur un plat d'argent.

– Veuillez m'excuser, lança Pline en léchant son pouce couvert de sauce à l'aneth, ce turbot vient de me rappeler un souvenir.

Il claqua des doigts et interpella son esclave-scribe :

– Phrixus, nouveau sujet : Le festival de Vulcanalia[1]. Vulcain, le dieu de la forge et du feu, est célébré à la fin de l'été, quand le sol est si sec qu'une simple étincelle peut enflammer un grenier entier et le réduire en cendres avec son contenu. Pendant le festival de Vulcanalia, des poissons vivants sont jetés dans un feu. Ils représentent des humains. Ce festival est particulièrement important dans la ville d'Ostia, dont les greniers à grains sont une des bases de la richesse.

– Nous célébrons également Vulcanalia, précisa Tascius, la fête aura d'ailleurs lieu après-demain. Pourquoi ne vous joindriez-vous pas à nous, amiral ? Pourquoi n'irions-nous pas tous ensemble ? Le sacrifice du poisson a lieu sur la plage. Je suis le prêtre de Vulcain dans cette région. Les dieux ne demandent que la vie des poissons et pas leur chair. Aussi nous apportons du vin et les mangeons tous ensemble. Tout le monde vient, les riches comme les pauvres.

L'amiral applaudit pour manifester son contentement :

– Quelle merveilleuse idée ! Je viendrai avec un immense plaisir.

– Et nous amènerons Vulcain, annonça Flavia.

Tous les regards se tournèrent vers elle.

– Tu veux apporter une statue du dieu Vulcain ? s'étonna Tascius.

1. Fête qui durait deux jours, dédiée à Vulcain. Elle avait lieu aux alentours des 24 et 25 août.

–Je pense qu'elle parle du forgeron qui se fait appeler ainsi, le rassura Pline de sa voix sifflante, en s'essuyant la bouche. Vous savez donc où il est ?

–Nous avons résolu l'énigme et nous avons retrouvé Vulcain ! répondit fièrement Flavia.

–Incroyable ! s'extasia Pline. Et le trésor ?

–Nous ne sommes pas tout à fait sûrs de savoir ce que c'est, répondit Flavia, mais Vulcain travaille à la ferme de mon oncle en ce moment.

L'amiral hocha la tête :

–J'ai vraiment hâte de le revoir, et maintenant Flavia Gemina, explique-nous comment toi et tes amis avez résolu l'énigme !

ROULEAU XVIII

Le soleil était couché depuis longtemps, et une douzaine de lampes à huile éclairaient les colonnes blanches qui entouraient la salle à manger. Des torches illuminaient la pelouse. La baie brillait comme du marbre noir humide et reflétait des centaines de flammes ondoyantes.

Il était impossible de savoir où s'arrêtaient les lumières de la villa et où commençaient les étoiles.

Tascius venait d'ordonner aux esclaves porteurs de torches de raccompagner Gaïus et sa famille. Chacun se levait de sa couche et de sa chaise, quand une femme de haute taille, vêtue d'une stola bleu-paon et d'un châle noir, fit son apparition dans la pièce.

–Je vous prie de m'excuser pour ce retard, lança-t-elle, d'une voix charmante, j'ai dû régler différentes affaires à ma villa.

Elle avait les cheveux noirs coiffés de boucles compliquées. Son visage, celui d'une belle femme de quarante ans, était agréable. Son nez était droit et ses cils longs et fournis.

– Mon cher Pline !

Elle se pencha pour embrasser l'amiral puis adressa un sourire à Gaïus et Mordecaï.

– Rectina, annonça Tascius, je vous présente nos voisins les plus proches : Gaïus Flavius Geminus qui possède le domaine qui entoure notre villa. Sa nièce Flavia, son invité, le docteur Mordecaï…

Flavia ne pouvait quitter Rectina des yeux. Elle était persuadée de l'avoir déjà rencontrée. Mais où ?

Au milieu de la nuit, Jonathan réveilla Flavia. Il lui secoua doucement l'épaule, en essayant de ne pas faire tomber d'huile de la petite lampe d'argile qu'il tenait à la main.

– Quoi ? Qu'est-ce que tu as Jonathan ? marmonna Flavia. Tu as encore fait un cauchemar ?

Jonathan secoua la tête et posa son index sur sa lèvre.

– Lupus veut te montrer quelque chose.

Au pied du lit de Flavia, Scuto cligna des yeux, s'étira et reposa son museau sur ses pattes avant. Nubia s'étira également. Elle repoussa ses couvertures et s'assit près de Flavia.

– Vas-y Lupus, montre-leur, murmura Jonathan.

Lupus sortit de l'ombre près de la porte et s'assit en tailleur au pied du lit de Flavia et Nubia. Il ouvrit sa tablette de cire et commença à dessiner.

– Tu as dessiné Vulcain, bâilla Flavia, c'est bien, il est très réussi.

– Ce n'est pas fini, l'interrompit Jonathan, regardez !

Les yeux verts de Lupus scintillaient à la lueur de la lampe. En quelques coups de crayon, il arrondit la lèvre de Vulcain et désépaissit ses sourcils. Pour finir, il lui ajouta une coiffure à boucles élaborée et un châle sur la tête.

– Par la barbe de Neptune ! s'exclama Flavia. Avec cette bouche et cette coiffure, Vulcain ressemble à la mère de Clio… Enfin, sa mère adoptive.

– Rectina, précisa Jonathan.

– Mais, cela signifie que…

– Rectina est sans doute la mère de Vulcain, continua Jonathan, et…

– Tascius est certainement son père, s'écria Flavia. Nous avons retrouvé les parents de Vulcain !

Longtemps après que la respiration de Nubia eut repris la régularité du sommeil, Flavia, allongée près d'elle, ne parvenait pas à fermer l'œil. Elle mettait un plan au point.

Elle était bien trop énervée pour dormir. Et puis, elle avait envie d'aller aux latrines.

Elle se leva et traversa l'atrium en silence. Dans l'âtre de la cuisine, des cendres rougeoyaient encore, mais elles ne donnaient pas beaucoup de lumière. Flavia avança à tâtons jusqu'aux latrines et s'accroupit au-dessus du trou de bois poli.

Elle sortait à peine de la cuisine, qu'elle entendit un bruit. Des pas à la porte du jardin.

Peut-être était-ce l'admirateur secret de Miriam qui déposait un nouveau présent.

Le ciel était noir comme de la suie. Seule une ou deux étoiles brillaient faiblement vers l'ouest. La brise glaciale qui se levait souvent juste avant le lever du soleil souffla sur son visage et ses bras nus. Sans un bruit, Flavia rampa le long des colonnades[1]. Quelques flaques de lumière guidaient ses pas.

Quand elle atteignit la porte, elle déverrouilla prudemment et ouvrit. Elle essaya de regarder dans la pénombre, mais n'aperçut qu'une silhouette qui s'éloignait vers les écuries. Doucement, Flavia ouvrit la porte un peu plus grand et sortit.

Soudain, elle se rappela Ferox et s'arrêta net. Mais il n'était pas en vue. Il devait être enfermé dans son chenil.

Flavia traversa la cour de la ferme, la poussière tiède s'immisçait entre ses orteils. Elle s'approcha des écuries et entendit des voix. Une lumière s'alluma et éclaira faiblement la fenêtre.

Flavia s'approcha et regarda. Une silhouette se tenait près de la stalle du poney.

C'était Mordecaï.

1. Passage couvert avec des colonnes de chaque côté.

Une lampe à huile était pendue à un crochet sur la poutre, au-dessus de lui. Il tenait un rouleau déplié. Ses paupières étaient closes et il se balançait d'avant en arrière en chantonnant. Quelques autres lampes à huile éclairaient la pièce et Flavia crut reconnaître une odeur d'encens.

Les autres faisaient face à Mordecaï. Ils tournaient le dos à Flavia et elle avait peine à les reconnaître. Miriam était présente, un foulard de couleur pâle posé sur sa tête. Jonathan se tenait près d'elle. La silhouette penchée en avant était sans doute celle de Frustilla, la vieille cuisinière, et Flavia crut également voir Xanthus.

Mordecaï cessa de se balancer et de chantonner. Il courba brièvement la tête et embrassa le rouleau. Puis il se tourna vers un nouveau personnage qui venait d'apparaître.

C'était Vulcain.

Le forgeron se plaça devant les autres et commença à chanter d'une voix claire et légère. Chacun se joignit à lui, levant le visage vers le ciel. Ils suivaient manifestement un office religieux.

Flavia n'ignorait pas que Jonathan et sa famille étaient chrétiens. Elle se rappelait le jour où son ami lui avait parlé du dieu berger, mais elle ne voyait pas d'image. Elle avait beau loucher pour voir un autel où une statue de leur dieu… Rien !

La seule chose qu'ils avaient en face d'eux, à part Vulcain et Mordecaï était… l'âne !

L'âne Modestus, qui somnolait paisiblement dans sa stalle !

Un de leurs dieux devait être un âne.

Ils vénéraient un âne !

ROULEAU XIX

Flavia avait l'intention de questionner Jonathan à propos du fameux dieu âne, le matin suivant, mais avant qu'elle ait pu aborder le sujet, une dispute éclata entre eux.

Leur cours était fini et Flavia expliquait son plan pour réunir Vulcain et ses parents.

–Non, il ne faut pas, protesta Jonathan, nous ne devons pas faire cela ! Que se passera-t-il si nous nous trompons ?

–Si nous sommes dans le vrai, il nous remerciera et me pardonnera de l'avoir traité d'âne. Et il nous racontera pour le trésor !

–Alors, on n'a qu'à lui en parler aujourd'hui, coupa Jonathan, pourquoi attendre demain ?

–Parce que demain est le jour de Vulcanalia, répondit Flavia. C'est la journée idéale, ce sera comme le dessin sur le vase que nous a montré Aristo. Qu'en penses-tu Lupus ?

Lupus fit la grimace.

–Il n'aime pas ton plan parce que nous ne pouvons pas en parler à Clio.

–Non, on ne peut pas. Elle est trop bavarde, elle est incapable de garder un secret. Et puis Rectina est sa mère, et elle n'a même pas remarqué sa ressemblance avec Vulcain. Elle aurait dû s'en rendre compte toute seule, comme moi !

–Ce n'est pas toi qui as découvert la ressemblance, répliqua Jonathan, c'est Lupus !

–Le visage de Rectina me semblait familier, lâcha sèchement Flavia, j'étais sur le point de découvrir sa ressemblance avec Vulcain !

–Même pas vrai ! s'écria Jonathan.

–Si, c'est vrai !

–Je ne te crois pas !

–Si, c'est vrai !

–Tu ne penses pas aux sentiments des autres, s'exclama Jonathan, tout ce qui t'intéresse, c'est ton stupide trésor !

Il se leva brusquement.

–Je vais chasser. Tu viens Lupus ?

–Je vais mettre mon plan à exécution, que cela te plaise ou non !

La porte du jardin claqua derrière les deux garçons.

–Parfait ! cria Flavia.

Et elle essuya les larmes qui lui brûlaient les joues.

Les présages pour la fête de Vulcanalia n'étaient pas bons. Jonathan se réveilla tard avec un terrible mal de tête. Flavia et Nubia étaient parties devant et tous les autres s'apprêtaient à quitter la ferme. Tigris dans les bras, Jonathan dut courir après eux à travers la vigne.

Le ciel était gris, il ne faisait ni chaud ni froid. Le vent était maussade. Ils empruntèrent la route de la côte et, en arrivant en haut des dunes, Jonathan vit que Titus Tascius Pomponianus, et la plupart des habitants de Stabia, étaient déjà réunis sur la plage pour la cérémonie.

Les personnages les plus importants étaient assis sur une estrade en bois. Près de Rectina et Tascius, qui avaient entièrement payé la cérémonie, se tenaient deux magistrats locaux, un sénateur de Rome et l'amiral Pline. Une statue de bois peint représentait le dieu Vulcain souriant. Elle était posée sur un autel couvert de charbons ardents. Derrière l'autel avaient été empilées plusieurs barriques de bois. Jonathan se demanda à quoi elles étaient censées servir.

Il chercha Flavia des yeux, mais ne la trouva pas. Il aperçut Clio qui lui faisait signe. Elle se tenait avec ses sœurs près de la plate-forme, vêtue de sa tunique orange préférée. Il se fraya un chemin dans la foule pour les rejoindre quand un grand « chut » se fit entendre. Tascius s'était levé et s'était couvert la tête d'un pli de sa toge. La cérémonie n'allait pas tarder à commencer. Chacun se poussait du coude pour mieux voir.

–Grand Vulcain, dieu des poissons et du feu, enclume et ancre, prononça Tascius de sa voix grave et de son ton militaire, sois pour nous généreux, cette année. Protège-nous du danger des flammes et de l'eau. Et empêche le grain de nos entrepôts de s'enflammer ou de moisir.

Le vent poussait comme une plainte et Tascius dut élever la voix.

–Miséricordieux Vulcain, nous t'offrons en sacrifice ces créatures vivantes qui représentent nos propres vies. S'il te plaît, accepte ces vies comme si elles étaient les nôtres. Accorde-nous une nouvelle année de paix et de prospérité.

Tascius se tut et regarda la foule. Rectina sourit à son mari et Pline griffonna quelques notes sur sa tablette de cire. La foule murmura avec excitation en tendant le cou pour mieux voir.

Les cheveux toujours couverts de sa toge, Tascius s'approcha d'une des barriques posées derrière la plate-forme.

–Si Père manque le poisson, cela nous portera malheur, chuchota Clio à Lupus et à Jonathan, il s'est entraîné tout l'après-midi d'hier.

Tascius repoussa le pli de sa toge sur son épaule, dénudant entièrement son bras. Dans un geste emphatique, il leva le bras au-dessus de lui, afin que chacun puisse bien le voir, puis le plongea dans le tonneau. La foule était parfaitement silencieuse. Pendant quelques instants, le seul bruit audible était celui du battement des toges et des capes dans le vent. Enfin Tascius leva un poisson vivant et frétillant au-dessus de sa tête :

– Celui-ci représente ma vie, grand Vulcain ! cria-t-il.

Puis, il jeta le poisson sur les charbons. La foule applaudit.

Le poisson, un maquereau de taille moyenne, se tordit quelques instants sur les braises, puis s'immobilisa, son œil blanc tourné vers le ciel. Jonathan était horrifié et fasciné. À ses côtés, Miriam poussa un cri et se couvrit les yeux. Jonathan vit le poisson se convulser une dernière fois avant de mourir.

Tascius jeta un regard vers Miriam. Puis, il ôta sa toge de sa tête, s'éloigna du tonneau et se tourna vers la foule.

– Que chacun offre un poisson, symbole de sa propre vie, cria-t-il, et célébrons Vulcain avec le grain, le raisin et le poisson.

Immédiatement, hommes et femmes se précipitèrent vers les tonneaux. Jonathan prit Tigris dans ses bras pour lui éviter d'être piétiné.

Les poissons s'envolaient et atterrissaient sur les charbons rougeoyants. Dans le ciel, les mouettes poussaient des cris perçants en tournant autour du festin. L'une d'entre elles piqua pour attraper un petit maquereau qui venait d'être lancé et s'envola avec sa proie dans le bec. La foule applaudit.

Certains laissaient échapper de leurs mains les poissons glissants qui tombaient sur la plage. Ils les ramassaient aussitôt et les lançaient sur les braises, recouverts de sable. Pour le sacrifice, l'important était que le poisson soit vivant.

Clio venait de jeter son propre poisson et Lupus plongeait le bras jusqu'à l'épaule dans un des tonneaux. Il réussit à sortir un beau maquereau. Il lança un grognement de contentement et jeta l'animal dégoulinant d'eau.

– Ne vas-tu pas sacrifier un poisson au dieu Vulcain, Jonathan ? rit Clio en s'essuyant les mains sur sa tunique. C'est drôle, et on va les manger dans quelques minutes.

Jonathan serra Tigris contre lui. Il secoua la tête.

– Euh, je n'ai pas très faim.

Soudain, Clio montra le bout de la plage du doigt :

– Les amuseurs ! s'exclama-t-elle.

Un cracheur de feu, vêtu d'une tunique rouge, marchait en tête. Il était suivi de cinq nains qui formaient une pyramide. Le plus apprécié de tous était un jeune homme déguisé en Thétis[1], la déesse de la mer. Il jonglait avec quatre poissons vivants en chantant d'une voix de fausset.

La foule se mit à scander.

1. Déesse de la mer, mère d'Achille et mère adoptive de Vulcain.

–Vulcain ! Vulcain !

Jonathan se retourna vers la route. Derrière les dunes, apparut une silhouette chevauchant un âne. C’était Vulcain le forgeron. Il était accompagné de Flavia et Nubia.

ROULEAU XX

Flavia et Nubia s'étaient cachées dans la cabane jusqu'à ce que tout le monde ait quitté la ferme. Puis elles étaient allées voir Vulcain qui travaillait devant son four dans la cabane à outils. Il avait expliqué qu'il ne souhaitait pas assister à la fête de Vulcanalia. Mais quand les jeunes filles lui eurent raconté que ses parents seraient peut-être présents, il avait immédiatement sellé son âne.

Pourtant Flavia ne se sentait pas très à l'aise.

Elle avait imaginé un matin clair et ensoleillé. Elle avait rêvé que Vulcain et ses parents se tomberaient dans les bras avec bonheur. Ce serait exactement comme le retour du dieu du feu sur le mont Olympe. Puis, en guise de remerciements, le forgeron lui aurait indiqué où et comment trouver le trésor.

Mais le temps était gris, les nuages bas. Une brise froide soufflait et leur envoyait du sable dans le visage.

Ce n'était pas un bon présage.

Ils sentirent le poisson grillé et entendirent les rires avant même d'atteindre le haut de la dune qui donnait directement sur la plage.

La situation sembla s'améliorer quand Vulcain fit son apparition. La foule était manifestement d'une humeur joyeuse et festive. Le vin y contribuait sans doute. Une ou deux personnes connaissaient le nom du forgeron et l'appelèrent. Très vite, tout le monde reprit leur cri :

– Vulcain ! Vulcain !

La foule se réunit autour de lui, riant et scandant son nom. Vulcain sourit et leva le menton, plein d'espoir. Le cœur de Flavia battait à tout rompre et elle savait que celui de Vulcain devait être sur le point d'exploser dans sa poitrine. Elle désigna l'estrade et cria pour couvrir les clameurs de la foule.

– La femme vêtue de bleu foncé et l'homme aux cheveux gris. Pas le gros, lui, c'est Pline, non, le grand avec la toge. Titus Tascius…

– Pomponianus.

Les yeux noirs de Vulcain brillaient et il fit avancer son âne vers l'estrade.

La foule s'écarta devant lui sans cesser de crier son nom. Certains se mirent sur la pointe des pieds, d'autres se retournèrent, plus intéressés par le poisson grillé.

Vulcain arrêta son âne à quelques mètres de l'estrade et descendit maladroitement de sa monture, aidé de Flavia et Nubia.

Rectina n'avait cessé de l'observer depuis qu'il était arrivé. À son approche, elle se leva, les jambes tremblantes.

–Je vous connais ? lui demanda-t-elle, en l'examinant de la tête aux pieds.

Mais avant que Vulcain ait eu le temps de répondre, elle s'évanouit dans les bras de son mari.

–Je ne pensais pas que les choses se dérouleraient ainsi, murmura Flavia.

Tascius, à genoux sur l'estrade, sa femme dans les bras, leva la tête vers Vulcain, l'air perdu.

–Que lui avez-vous fait ? Qui êtes-vous ?

–Incroyable ! s'écria l'amiral Pline en s'approchant pour dévisager le forgeron. C'est lui ! Ne comprends-tu pas, Titus ? C'est ton fils, ton fils qui t'a été enlevé !

Tascius regarda Pline sans comprendre puis tourna à nouveau la tête vers Vulcain.

–Mon fils ! C'est impossible, c'est une farce monstrueuse ! Dites-lui de partir ! Dites-lui de s'en aller avant qu'elle ne reprenne conscience.

La fête de Vulcain se termina mal.

Chacun vit Tascius emmener sa femme dans une charrette à bras dont il avait tiré les rideaux. Ses filles s'empressèrent de le suivre. Quelqu'un expliqua que Rectina s'était sentie mal et la rumeur reprit qu'elle avait peut-être mangé un poisson empoisonné. Le sénateur et le magistrat ne tardèrent pas à partir, laissant Pline conclure la cérémonie tout seul.

L'amiral essayait de lire l'invocation finale, mais la colère de la foule montait.

– Où est notre argent ?

Pline consulta ses notes nerveusement et demanda à Phrixus :

– Quel argent ? De quoi parlent-ils ?

– Il nous donne toujours quelques pièces de cuivre, hurla une femme.

– Jetez de l'argent à la foule, cria un homme pour aider Pline.

– C'est que… je n'ai pas d'argent… murmura Pline. Phrixus, est-ce que tu vois un sac rempli de pièces quelque part ?

Un des hommes, qui avait bu trop de vin, vomit bruyamment près de l'estrade.

– Lui aussi a été empoisonné !

– C'est la malédiction !

Un homme cracha dans le sable en lançant :

– Poisson empoisonné et malédiction !

– Où est notre argent ?

– Viens Phrixus, souffla Pline à son scribe, retournons sur le bateau, à Misenum. Vite !

Flavia regarda la foule en colère et se retourna vers Nubia :

– Nous devrions rentrer nous aussi. Il risque d'y avoir du grabuge. Où est Vulcain ?

–Il vient de partir. Son âne trottait à vive allure.

–C'est toi qui avais raison Jonathan, j'aurais dû t'écouter. À cause de moi, tout est raté.

Flavia se sentait terriblement mal. Ils avaient quitté la foule en colère pour retourner presque en courant vers la ferme. Ils étaient assis devant la table en fer forgé du jardin. Le temps était toujours aussi gris et couvert. Un vent désagréable sifflait et agitait les feuilles des arbres et les buissons.

–Quand une mère revoit son fils qu'elle croyait mort… commença doucement Jonathan.

–Et maintenant Vulcain est parti.

–Et tu regrettes ton trésor ?

–Jonathan ! Je n'en ai rien à faire du trésor ! Je voulais juste résoudre l'énigme pour l'amiral Pline. Mais maintenant le voilà reparti à Misenum et Vulcain n'est plus là non plus !

Le vent siffla un peu plus fort, comme s'il voulait exprimer sa colère. Les mèches de cheveux de Flavia lui battaient le visage.

–Je suis sûr que nous reverrons Pline, la rassura Jonathan en lui posant une main sur l'épaule. Pour le moment, essayons de retrouver Vulcain.

Au milieu de la nuit, les aboiements des chiens réveillèrent Flavia d'un sommeil profond. Elle s'assit, désorientée. Puis elle se rappela. Son plan n'avait pas marché. Vulcain avait disparu.

La présence rassurante de Scuto manquait à son côté et le lit de Nubia était vide. Flavia se leva et, à moitié endormie, se dirigea vers les bruits.

Son chien était dans la cour de la ferme éclairée par la lune. Il aboyait le nez dressé vers le ciel, accompagné des chiots et de Ferox. Les autres membres de la maisonnée arrivèrent dans la cour, munis de lampes, tout en frottant leurs yeux embués de sommeil.

Le vent gémissait toujours. Des nuages bas avançaient rapidement vers la montagne et la lune ne cessait d'apparaître et de disparaître.

– Nubia, toi qui comprends les animaux, chuchota Flavia, pourquoi aboient-ils ?

– Peut-être parce que la lune est pleine… je ne sais pas.

Leurs yeux s'habituaient à l'obscurité. Flavia aperçut une petite silhouette derrière le jardin, dans la cour de la ferme. C'était Frustilla. La vieille cuisinière parlait toute seule. Elle s'approcha des chiens et les aspergea d'un seau d'eau froide.

Cela produisit l'effet escompté.

Ferox s'arrêta d'aboyer et retourna en hâte vers le chenil. Les trois autres chiens gémirent et se secouèrent. Scuto trottina vers Flavia.

– Qu'est-ce qui te prend, Scuto ?

Flavia s'accroupit près de lui et lui caressa le dos. Il fit les gros yeux et prit un air gêné.

– Chut ! siffla Jonathan.

Personne ne disait rien.

Soudain, malgré les gémissements du vent, ils entendirent. Faiblement, mais sans aucun doute possible, les chiens des fermes alentour s'étaient également mis à aboyer.

–Par les sourcils de Jupiter, murmura Gaïus.

Parmi les aboiements, un nouveau bruit se fit entendre.

–J'entends des cris, susurra Nubia.

Elle prit Nipur dans ses bras et le serra contre elle. Lupus laissa échapper un son étouffé et désigna la porte du jardin. Flavia regarda et s'étrangla.

Derrière les myrtilles et les cognassiers, sur l'allée de mosaïque, le chemin poussiéreux, apparurent des dizaines et des dizaines de formes minuscules : des souris, des rats, des serpents qui fuyaient.

Chacun regarda les créatures qui semblaient sortir de nulle part et partout à la fois. Elles se dirigeaient à travers la porte du jardin, vers les vignes, en direction de la mer.

ROULEAU XXI

– J'ai encore fait ce rêve, la nuit dernière.

Le visage de Jonathan était pâle comme un linge. De larges cernes noirs se dessinaient sous ses yeux. L'atmosphère de l'aube était lourde, le ciel blanc. La fête de Vulcanalia avait eu lieu deux jours plus tôt. Le vent de la veille s'était affaibli et une odeur faible, mais tenace et désagréable, régnait dans l'air.

– Je pense que les chiens ont également fait des cauchemars, soupira Flavia.

Les chiots et Scuto, le museau sur les pattes, étaient allongés, comme épuisés, sous un bosquet de cognassiers.

– Au moins, ils ont arrêté d'aboyer, lâcha Jonathan.

Mordecaï sortit de la cuisine chargé d'un plateau sur lequel étaient posés sept tasses et un pot de cuivre.

– Le puits était vide ce matin. J'ai dû préparer le thé avec l'eau d'hier.

Jonathan se laissa aller contre la table.

–Prends des dattes, lui proposa Nubia en lui tendant le plateau.

–Elle a raison, approuva Aristo. Tu te sentiras mieux quand tu auras mangé.

Jonathan secoua la tête et ferma les yeux. Puis il les rouvrit, horrifié.

–Maintenant, je le vois même quand je ferme les yeux.

Mordecaï versa l'eau chaude sur les feuilles de menthe.

–Que vois-tu mon fils ?

Jonathan referma les yeux et frissonna.

–Je vois une ville sur une colline. Elle est entourée de larges murs et de tours dorés. Des légions de soldats romains s'approchent pour l'encercler.

Il rouvrit les paupières.

–Un événement terrible va se produire. Je le sais.

–Depuis combien de temps, ce rêve te poursuit-il ? demanda Mordecaï.

Il crispait ses mains sur le dossier d'une chaise. Dans la lumière blanche de l'aube, ses yeux semblaient plus noirs encore que le turban qu'il portait sur la tête.

–Depuis trois ou quatre nuits, répondit Jonathan.

Mordecaï se laissa tomber sur la chaise et fixa les rubans de fumée qui s'échappaient des tasses de thé.

–Quand on voit Jérusalem entourée d'armées, c'est signe d'une grande désolation à venir.

Flavia fronça les sourcils.

– Quoi ?

– Je n'ai jamais dit qu'il s'agissait de Jérusalem, lança Jonathan, je ne sais même pas à quoi ressemble cette ville.

– Pourtant, la ville que tu viens de décrire est Jérusalem. J'en suis absolument certain : Jérusalem la dorée.

Mordecaï regarda son fils dans les yeux.

– Et tu es déjà allé à Jérusalem. Lorsque tu n'étais qu'un bébé. Nous avons été parmi les derniers à pouvoir nous échapper quand le siège a commencé. Le destin de ceux qui sont restés a été terrible...

Il ferma les yeux un moment, puis reprit :

– Tes rêves te sont envoyés par Dieu, Jonathan. Il veut nous prévenir, à travers toi, qu'une catastrophe va se produire. Le prophète que vous avez vu à Pompéi, celui dont vous m'avez parlé, avait sans doute raison. Le jugement de Dieu est sur le point de s'abattre sur ce pays.

Chacun le regarda fixement.

Le tintement du rideau de cuivre contre l'encadrement de la porte brisa le silence. Ils se tournèrent pour voir Miriam devant sa chambre, les joues trempées de larmes, le visage plus pâle que du marbre.

– Il est mort, murmura-t-elle, mort !

– Qui ? cria Jonathan, Qui est mort ?

Miriam leur montra la cage de son oiseau.

– Catulle. Je l'ai trouvé en me réveillant.

Le petit corps du moineau autrefois sautillant était couché sur le sol de la cage.

– Un nouveau présage, souffla Mordecaï, nous devons partir immédiatement. Dieu nous prévient aujourd'hui comme il m'a prévenu, il y a dix ans.

Dans les branches au-dessus d'eux, un oiseau trilla une note légèrement tremblante. Puis le silence, lourd et pesant, se réinstalla.

Jonathan se leva.

– La seule idée de quitter cet endroit me soulage.

– Alors préparons nos affaires et partons le plus tôt possible.

– Non, Père, je reste. Aucune armée ne nous menace, cette fois.

Miriam avait posé la cage à oiseaux. Sa voix était ferme.

Jonathan la regarda, effaré. Jamais sa sœur n'avait auparavant osé défier son père de cette manière. Ses yeux lançaient des éclairs, et ses joues étaient roses d'émotion.

Mordecaï n'en croyait pas ses oreilles.

– Miriam, tu n'as pas le choix, tu dois venir avec nous.

– Père, ne me demande pas cela.

Le rose de ses joues s'intensifia. Elle baissa les paupières et marmonna d'une voix hésitante.

– Je veux rester ici, pour encore quelques jours.

– Miriam, y a-t-il une chose que je dois savoir ?

Une fois de plus, le silence se fit pesant. Puis Miriam prit la parole calmement, sans regarder son père :

– Oui. Je suis amoureuse, Père, et je veux me marier. Ne m'oblige pas à partir, s'il te plaît.

– Te marier ! Tu viens à peine d'avoir quatorze ans !

– Je suis une femme à présent.

Miriam leva les yeux et plongea son regard dans celui de son père :

– Et je suis prête à me marier.

– C'est possible…

La voix de Mordecaï n'était plus qu'un souffle.

– Qui est-ce ? De qui es-tu tombée amoureuse ?

– De moi, lança une voix qui venait de derrière le péristyle[1], et je suis prêt à donner ma vie pour elle.

1. Rangée de colonnes autour du jardin ou de la cour.

ROULEAU XXII

L'homme qui était sorti de la maison et qui avançait dans le jardin était bien le dernier que Flavia eût imaginé :

– Oncle Gaïus !

Lupus s'étrangla d'étonnement et Jonathan en resta bouche bée. Seule Nubia semblait accueillir calmement la révélation.

Flavia ne pouvait y croire. Comment la sœur de Jonathan pouvait-elle vouloir épouser un homme de l'âge de son propre père ? Mais quand Miriam et Gaïus se regardèrent, Flavia vit l'amour briller dans leurs yeux.

Le visage de Mordecaï s'adoucit.

– Alors vous devez venir avec nous, Gaïus. Nous devons quitter l'Italie, tous ensemble. Et vite. Je vous le demande instamment. Nous pourrons discuter du reste plus tard.

Gaïus fit quelques pas vers Mordecaï et leva les mains, les paumes tournées vers le ciel.

– Mais comment ? Comment pourrais-je quitter ma villa, mes vignes, ma ferme ? Si un nouveau tremblement de terre se produit, je dois rester pour protéger ma maison contre les pilleurs. Si je dois voir le visage de Dieu en face, je préfère que ce soit dans la maison où je suis né.

– Non, Père a raison !

Jonathan regarda tout le monde un par un.

– Nous devons tous quitter cet endroit ! Vous ne comprenez donc pas ?

Mordecaï approuva.

– Il y a près de dix ans, j'ai vu Jérusalem assiégée par les armées romaines et je me suis rappelé les paroles du Berger : « Que le peuple de Judée fuie vers les montagnes, que personne sous ce toit ne revienne prendre ce qui lui appartient, que personne dans ce champ ne rentre prendre sa cape. Une immense catastrophe se prépare, une catastrophe comme le monde n'en a jamais connue encore. « J'ai alors ressenti une frayeur profonde, comme celle de Jonathan aujourd'hui. Et cette frayeur nous a sauvé la vie. Mes enfants et moi avons quitté Jérusalem immédiatement, mais leur mère… leur mère…

À la consternation de Flavia, Mordecaï se mit à pleurer.

– Elle était si belle, sanglota-t-il en se tournant vers Miriam, tu lui ressembles tant, ma chérie. Elle a refusé de venir, comme toi aujourd'hui. Nous avons discuté et elle a décidé de rester avec ses parents. Je n'ai pas changé d'avis et je ne l'ai plus jamais revue.

Mordecaï tendit les mains vers sa fille.

–Miriam, à quoi servent les avertissements de Dieu, si nous n'en tenons aucun compte ? Viens avec nous.

Avant que Miriam ait eu le temps de répondre, une chose molle tomba sur le bras nu de Flavia.

–Oh ! cria-t-elle.

Un roitelet gisait à ses pieds dans la poussière.

Flavia se pencha et le ramassa précautionneusement.

–Il est mort, dit-elle, mais il est encore chaud.

Elle leva les yeux vers le laurier et trois autres oiseaux tombèrent au même moment.

Soudain, tout autour d'eux, des dizaines d'oiseaux se mirent à pleuvoir des arbres : une douche de roitelets, de grives et de moineaux. Nubia s'agenouilla pour prendre dans ses mains un minuscule moineau.

–Oiseaux morts, murmura-t-elle, tous morts.

–Que se passe-t… commença Aristo ne pouvant détacher ses yeux de l'hécatombe autour de lui.

–Œuf pourri ! s'écria Gaïus, comment ai-je pu oublier ?

–Oublier quoi ? demanda Flavia.

–Le soufre, cette odeur d'œuf pourri, c'est du soufre ! Ce sont les émanations de soufre qui ont tué des milliers de moutons à Misenum lors du grand tremblement de terre, il y a dix-sept ans !

Flavia renifla. Effectivement, elle sentait cette puanteur particulière des œufs pourris.

– Si les émanations de soufre peuvent tuer des animaux aussi gros que des moutons… réfléchit Aristo.

Il n'eut pas besoin de terminer sa phrase ; ils se regardèrent tous et une voix brisa le silence.

– Ma mère disait que cette odeur d'œuf pourri annonçait la colère de Vulcain.

Frustilla se tenait sur le seuil de la cuisine.

– Ma grand-mère vivait en Sicile, croassa la vieille femme, en avançant dans le jardin, là où le dieu du feu a installé sa forge.

– Et quand le dieu forgeron est en colère, poursuivit Jonathan…

– Il y a une éruption volcanique ! s'exclama Flavia.

Comme pour confirmer les propos de Flavia, le sol trembla sous leurs pieds et ils entendirent une lointaine explosion.

– Bien sûr ! s'exclama Mordecaï, j'aurai dû m'en douter ! Tu as raison, Miriam, nous ne sommes pas assiégés par une armée. Cette fois, le jugement de Dieu s'exprimera par une catastrophe naturelle ! Il prévient ceux qui ont des yeux pour voir ! Le soufre, les tremblements, les puits qui s'assèchent, le mystérieux comportement des animaux, les cauchemars de Jonathan… Frustilla a raison, tous ces indices nous mènent à une seule conclusion : une éruption volcanique !

–Mais quelle montagne est concernée ? demanda Jonathan.

–Le Vésuve, bien sûr, s'écria Aristo.

–Mais ce n'est pas un volcan ! les interrompit Gaïus. Il n'est jamais entré en éruption ! Je ne me trompe pas, Frustilla ?

–Le Vésuve est une montagne calme depuis ma naissance, reconnut la vieille cuisinière, et je n'ai jamais entendu quiconque dire qu'il avait envoyé des langues de feu sur la terre. Mais il y a un petit volcan au nord du Vésuve, près de Misenum. Tout le monde dit qu'il dégage cette odeur d'œufs pourris.

Mordecaï se tira sur la barbe.

–Le Vésuve est peut-être un volcan endormi… Je pense que je sais comment le savoir. Gaïus, possèdes-tu un exemplaire de l'*Histoire naturelle* de Pline ? Je suis sûr d'y avoir vu un chapitre sur les volcans.

–J'en ai une copie, répondit Gaïus.

Ils se précipitèrent tous dans la bibliothèque et l'oncle de Flavia descendit un gros cylindre sur lequel était inscrit le nom de Pline.

–Vite ! le pressa Flavia, en sautillant d'impatience. Je crois qu'il fait allusion au Vésuve dans le rouleau III* !

Miriam poussa gentiment la main tremblante de Gaïus et dénoua délicatement le ruban de ses longs doigts agiles. Ensemble, ils déplièrent le rouleau.

Pendant ce temps, Aristo se tenait dans un coin sombre de la bibliothèque. Il passait sa lampe le long des rayonnages et regardait avec curiosité les étiquettes de cuir qui étaient accrochées aux rouleaux.

Pendant quelques instants, seul le bruit du froissement du papyrus déroulé sur la table se fit entendre.

– Voilà ! Il parle du Vésuve ! s'exclama Flavia.

Elle parcourut le paragraphe.

– Il ne mentionne à aucun moment qu'il s'agit d'un volcan.

Dans son coin, Aristo tira un rouleau de sa niche.

– Écoutez ça ! lança Jonathan. Dans le rouleau numéro II, Pline donne la liste des volcans dans le monde. Il ne mentionne pas le Vésuve mais parle d'une petite montagne près de Modène qui entre en éruption tous les ans, au moment de la fête de Vulcanalia ! C'est-à-dire, en ce moment !

Gaius secoua la tête.

– Modène est loin au nord de Rome et nous sommes au sud.

– Euréka ! s'écria Aristo, j'ai trouvé !

Il s'approcha de la porte, posa sa lampe et déplia le rouleau.

– Diodorus de Sicile parle d'étranges comportements d'animaux, il y a de cela des siècles, près de ma ville natale, en Grèce. J'ai oublié les détails exacts mais tout est là !

Il lut à voix haute :

– Dans une ville du nom de Helice, dans le golfe de Corinthe, de nombreux tremblements de terre dévastateurs se produisirent. Avant les tremblements en question, à l'ébahissement des habitants de la région, toutes sortes d'animaux, des rats, des fouines, des serpents fuirent la ville en masse.

– Exactement comme cette nuit, commenta Jonathan.

Aristo se tut un instant. Il lisait la suite du texte. Son visage perdit soudain toute couleur.

– Quoi ? lui demandèrent-ils anxieusement tous en chœur.

– Cinq jours plus tard, lut-il, la ville entière fut submergée par un raz-de-marée.

ROULEAU XXIII

Ils se regardèrent en silence durant un long moment. Ferox aboyait dans la cour de la ferme.

–Nous devons avertir tout le monde, murmura Mordecaï, quelques minutes plus tard. Je suis stupide, Dieu essaie de me prévenir depuis plusieurs jours et je n'ai pas su voir les signes !

–Pline non plus, s'exclama Flavia, et il est pourtant le plus grand spécialiste d'histoire naturelle du monde !

–Devons-nous fuir par terre ou par mer ? demanda Aristo.

–Le chemin le plus rapide est toujours celui de la mer, répondit Mordecaï, mais tous les moyens sont bons…

La porte du jardin s'ouvrit brusquement.

–Vulcain ! s'écria Flavia.

–Clio ! ajouta Jonathan.

–Modestus, lança Nubia.

Le forgeron musclé et la petite fille à la tunique orange se tenaient côte à côte. Les naseaux de l'âne apparaissaient entre leurs coudes.

Lupus courut vers Clio et s'arrêta timidement devant elle. Des larmes avaient tracé de longues traînées noirâtres sur les joues de la jeune fille, mais elle lui adressa malgré tout un sourire.

–Vulcain ! Où étais-tu ? demanda Flavia. Nous t'avons cherché partout !

–Je me suis dirigé vers le sud, répondit-il, Modestus et moi avons dormi sur la plage. Puis j'ai fait demi-tour et je me suis présenté à la villa Pomponiana mais Tascius a refusé de me recevoir et Rectina était absente. En revenant jusqu'ici, j'ai trouvé Clio sur le chemin.

Mordecaï s'approcha de lui.

–Écoute-moi. Nous pensons que le Vésuve ne va pas tarder à entrer en éruption. Nous devons fuir le plus vite possible.

–Le meilleur chemin est sans doute celui de la mer, ajouta Gaïus. Clio, ta famille a la chance de posséder un bateau. Vous devez l'affréter et partir au plus tôt !

–Mais…

–Vous devez partir au plus tôt ! l'interrompit Mordecaï, tous !

–Nous ne pouvons pas.

Les yeux de Clio s'emplirent de larmes.

–Père et Mère se sont terriblement disputés hier soir. Mère a pris mes sœurs et trois esclaves et elle est partie pour sa villa à l'aube. J'ai sauté de la carriole et je suis rentrée parce que Mère refusait de nous donner la moindre explication.

Les larmes roulaient sur les joues de Clio. Lupus lui tendit un mouchoir sale.

– S'il te plaît, Clio, essaie de rester calme, conseilla Mordecaï, raconte-nous ce qui s'est passé. Où est la villa de ta mère ?

– De l'autre côté d'Herculaneum, répondit Clio, en se mouchant dans le carré de lin de Lupus. À quatre ou cinq milles de la porte de Neapolis.

– Par les sourcils de Jupiter, s'écria Gaïus, c'est au pied même de la montagne !

Il avait à peine fini sa phrase, que le sol se mit à trembler une nouvelle fois.

– Nous devons prévenir tous ceux qui vivent près de la montagne ! prononça Gaïus d'un ton sinistre.

Il se passa la main dans les cheveux du même geste que le père de Flavia quand il était préoccupé.

– Je vais immédiatement me rendre à Pompéi et informer les autorités de notre découverte. Puis j'irai dans les terres, à Nuceria, et je les avertirai également. Mais quelqu'un devra se charger d'Oplontis et d'Herculaneum et aussi de Neapolis…

– Je le ferai, déclara Vulcain sans hésiter, c'est peut-être ma dernière chance de voir ma… mère.

– Tu es sûr ? demanda Mordecaï. En agissant de la sorte, il est possible que tu coures vers ta propre fin.

– Je n'ai pas peur de la mort, assura Vulcain avant d'ajouter : enfin, un peu, mais…

–Je sais que tu es capable de monter un âne, reprit Gaïus, mais saurais-tu diriger un cheval rapide ?

Vulcain acquiesça.

–Parfait ! lança Gaïus. Partons immédiatement !

Aristo fit un pas en avant.

–Je peux me joindre à vous si vous en avez besoin.

Gaïus sourit :

–Merci Aristo, mais j'ai besoin que toi et Mordecaï vous occupiez de la maisonnée. Demande à Xanthus d'atteler les mules. Vulcain et moi prendrons Celer et Audax.

Il se retourna vers le docteur :

–Mordecaï, saurez-vous conduire un attelage ?

–Bien sûr.

–Pourriez-vous amener Miriam et les enfants à Stabia ? Prenez également Frustilla et Rufus. Déposez Clio chez elle au passage. Aristo, voudriez-vous suivre à pied avec Xanthus et mes esclaves ? Quand vous aurez atteint Stabia, prenez un bateau et partez d'ici, aussi vite que possible. Je vais vous donner tout l'or de mon coffre-fort.

–Inutile d'aller jusqu'à Stabia, renifla Clio, notre bateau est assez grand pour emmener tout le monde. Père vous prendra avec lui.

–Tu en es sûre ?

–Certaine, affirma Clio.

–Excellent ! Mordecaï, Aristo, emmenez tout le monde à la villa Pomponiana et quittez ce lieu rapidement. Surtout ne nous attendez pas !

Soudain, Miriam enlaça Gaïus.

– Ne pars pas ! Reste avec nous !

– Je n'ai pas le choix, mon amour, répondit Gaïus d'une voix douce.

Il écarta les boucles brunes qui tombaient sur le visage de Miriam.

– Comment pourrais-tu encore m'aimer si je n'essayais pas de sauver la vie de tous ces gens ?

– Mais si tu te trompes ? Si ce n'était rien de plus que des tremblements de terre ?

– Alors, il ne nous arrivera rien de mal. Nous n'aurons qu'à affronter la colère des citoyens.

– Mais Gaïus…

– Chut, murmura-t-il. Je t'ai attendue toute ma vie et je n'ai pas l'intention de te perdre maintenant. Je te promets que je reviendrai.

Alors qu'ils s'enlaçaient, Aristo et Vulcain se regardèrent.

– C'est moi qui lui ai donné le bracelet, avoua Vulcain, je l'avais fabriqué moi-même.

– Et c'est moi qui lui ai offert le moineau, dit Aristo.

Vulcain fronça les sourcils.

– Ce qui veut dire que…

– Il ne lui a rien donné du tout, soupira Aristo.

Deux heures après le lever du soleil, Vulcain et Gaïus partirent à cheval.

Vulcain avait prévu de se rendre auprès des magistrats des villes d'Oplontis et Neapolis.

Gaïus se dirigeait vers Pompéi et Nuceria. Ferox, libéré du chenil qu'il détestait, courut avec joie auprès de son maître. Il n'avait aucun mal à conserver le rythme du galop des chevaux.

Dès qu'ils furent hors de vue, Mordecaï se tourna vers les enfants.

–Vous avez une heure et demie pour préparer vos affaires. Ne prenez que ce que vous pourrez porter et ne perdez pas de temps. J'ai le sentiment que la catastrophe est proche.

Flavia et Nubia venaient de terminer leur sac quand elles entendirent Mordecaï crier. Elles se regardèrent. Elles n'avaient jamais entendu tant de colère dans sa voix.

–Je n'ai pas pu l'empêcher, Père !

Les filles sortirent en courant de leur chambre. Dans le jardin, Jonathan et son père se faisaient face.

–Pourquoi ne m'as-tu pas prévenu immédiatement ?

La colère de Mordecaï rendait son accent plus prononcé encore que d'habitude.

–Il m'a demandé de promettre.

Jonathan n'avait pas l'air fier.

–Et Clio est avec lui ?

–Non. C'est lui qui est avec elle ! C'est elle qui a voulu partir. Il m'a dit, enfin, il m'a fait comprendre qu'il ne l'accompagnait que pour la protéger.

– Ces deux enfants sont les plus têtus que j'aie jamais rencontrés, marmonna Mordecaï. Il n'y en a pas un pour rattraper l'autre !

Ce n'est qu'à cet instant qu'il remarqua les deux filles et Aristo qui le regardaient bouche bée.

– Lupus et Clio ont pris, ou plutôt, non, ont volé un des chevaux ! Clio, sept ans et demi, est partie rejoindre Vulcain pour sauver sa famille. Et Lupus, huit ans et demi, l'a suivie pour la protéger ! Mon Dieu !

Il leva les yeux au ciel.

– Et maintenant quel est le prochain problème ?

La porte du jardin s'ouvrit et Xanthus apparut, chancelant. Il était couvert de sang et de plaies. Ses vêtements étaient déchirés.

– Les esclaves, murmura-t-il, j'ai essayé de les retenir, mais ils ont tous fui. Ils ont volé les mules et l'attelage.

ROULEAU XXIV

Lupus et Clio avaient espéré rattraper Vulcain sur la route de Pompéi, mais ils n'étaient pas les seuls à avoir pressenti un désastre imminent. Un flot serré d'hommes, de femmes et d'enfants avançaient en sens inverse et rendaient leur voyage plus difficile.

–Repartez d'où vous venez, leur crièrent deux ou trois personnes, le dieu Vulcain vient de nous prévenir qu'un de ses fourneaux près du Vésuve était sur le point d'exploser.

–Au moins, on est sur la bonne route ! cria Clio à Lupus par-dessus son épaule.

Lupus grogna. Il n'était pas habitué à monter à cheval. Une demi-heure de soubresauts lui avait mis les fesses en compote.

Au port de Pompéi, la moitié des bateaux étaient déjà partis, et un grand nombre de gens essayaient de monter sur les derniers restants. Les femmes et les enfants criaient et les hommes se battaient. Une sinistre tache rouge s'étalait devant la porte de la taverne à l'enseigne jaune.

Lupus et Clio traversèrent le port et franchirent les portes de la ville. Un officier se tenait sous l'arche de la porte de la Mer.

– Par ordre du magistrat, cria-t-il, il est interdit de quitter la ville. Les tremblements ne sont pas dangereux ! Restez chez vous si vous ne voulez pas que vos maisons soient pillées ! Retournez immédiatement chez vous, c'est un ordre !

Quelques personnes hésitèrent mais la plupart passèrent devant lui tête basse.

– Je croyais que l'oncle de Flavia devait les prévenir du danger, murmura Clio.

Lupus grogna un oui.

– Alors pourquoi cet homme en toge demande-t-il à tout le monde de rester ?

À première vue, la villa Pomponiana semblait déserte. Il était presque midi, la chaleur était étouffante. Seul un léger brin de vent soufflait de la baie.

Jonathan était en sueur en aidant Flavia et Mordecaï à descendre Xanthus de Modestus. Nubia mena l'âne à l'étable pendant que le docteur et les enfants portaient le fermier dans la salle à manger et l'allongeaient sur un divan. Ses côtes et sa cheville cassées se répareraient mais sa blessure au poumon était grave.

Aristo avait porté la vieille Frustilla sur son dos. Dès qu'il la posa par terre, elle alla, avec l'aide de Miriam, chercher une bassine d'eau pour que Mordecaï puisse commencer à soigner Xanthus.

–Essayez de trouver Tascius, demanda Mordecaï à Flavia et à Jonathan.

Ils parcoururent les grandes pièces silencieuses et la cour intérieure.

Ils finirent par le trouver dans l'atrium, assis, le visage dans les mains sous le lieu de prière. Il les entendit entrer et redressa la tête.

–Ils sont partis. Ils m'ont laissé. Tous. Ma femme, mes enfants, la plupart de mes esclaves. Je n'ai même plus un poulet à sacrifier aux dieux.

–Nous devons partir, prononça lentement Jonathan. Une catastrophe est sur le point de se produire. Le Vésuve va entrer en éruption. L'oncle de Flavia et Vulcain sont partis prévenir les habitants des villes alentour.

Tascius les regarda sans comprendre.

–Le Vésuve est un volcan, ajouta Flavia, il va entrer en éruption !

–Quand ? Comment ?

–Bientôt ! Nous ne savons pas quand, mais nous devons partir ! s'exclama Jonathan.

–Si vous avez raison... Par Jupiter ! Ma femme et mes filles sont à Herculaneum !

–Pouvons-nous leur porter secours avec votre bateau ? demanda Flavia.

Tascius secoua la tête.

–Cela aurait été possible hier, mais le vent a tourné. Nous n'atteindrions même pas Stabia aujourd'hui.

Il était presque midi quand Clio et Lupus traversèrent au galop les rues ensoleillées d'Herculaneum. C'était une petite ville, plus jolie que Pompéi, avec des maisons aux toits rouges et des palmiers. Mais l'immense silhouette de la montagne qui la surplombait la rendait également plus vulnérable.

– Nous vivions ici, jusqu'à l'an dernier, expliqua Clio à Lupus, je n'ai jamais vu les rues aussi vides !

Ils passèrent devant une taverne. Deux hommes saouls les interpellèrent.

– Hé, vous savez quoi ? Le dieu Vulcain est passé par là ce matin et il a dit à tout le monde de quitter la ville ! Et tout le monde l'a cru ! Tout le monde sauf nous ! Comme ça, on se sert du vin à volonté, même plus besoin de le payer !

Son compagnon ricana.

– Ha ! Le Vulcain en question est probablement en train de voler tout l'or de leur maison maintenant !

Il vida sa coupe de vin et sortit de la taverne.

– Il est chouette ce cheval… On vous en débarrasserait bien…

Il donna un coup de menton vers son camarade qui loucha vers les enfants.

Clio tira la langue aux deux hommes et donna deux coups de talon dans les flancs de sa monture. La jument, fatiguée, descendit la côte au trot et se dirigea vers la porte de Neapolis.

Dans la salle à manger de la villa Pomponiana, Nubia frissonnait et serrait Nipur contre elle.

Il était midi passé et, aux côtés de Flavia, elle regardait Mordecaï essayer de sauver la vie de Xanthus. Le fermier s'était soudainement mis à cracher du sang, et semblait incapable de respirer. Son visage était bleu. De minuscules gouttes de sueur perlaient sur le front de Mordecaï, pendant qu'avec l'aide de Miriam, il tentait d'endiguer le flot de sang.

Quelques instants plus tôt, la chaleur était étouffante. À présent, l'atmosphère était glaciale.

Nubia frissonna à nouveau.

Elle avait déjà ressenti cette impression. Comme une présence.

Le jour où les vendeurs d'esclaves avaient brûlé les tentes de sa famille et assassiné son père. Était-ce la mort qui se manifestait ? Ou pire encore ?

Le sol vibra sous ses pieds. Le bruit faisait penser à un grognement de Scuto. Même la terre était en colère, mais personne ne sembla le remarquer.

Nubia se retourna pour regarder le Vésuve et se pétrifia.

Une immense colonne blanche s'élevait au-dessus du sommet de la montagne.

Le silence rendait la scène plus terrifiante encore.

Lupus tomba sur le sol. Il en eut le souffle coupé. Il avait vaguement conscience de la présence de Clio à ses côtés. La jument reculait et leur cachait toute lumière. Elle était sur le point de tomber et Lupus eut peur qu'elle ne les écrase tous les deux.

Puis, en poussant un hennissement de terreur, la jument s'emballa et partit au galop vers le sud.

Lupus n'avait toujours pas repris sa respiration. Il y parvint enfin dans une espèce de sanglot. Le corps de Clio, allongé sur le sol, était terriblement immobile.

Il entendit un coup de tonnerre et sentit la terre trembler sous lui. Puis il vit ce qui avait terrifié la jument.

Du sommet de la montagne, s'élevait une colonne de fumée et de cendres.

Le Vésuve venait d'entrer en éruption et il était juste en dessous.

ROULEAU XXV

Le roulement de tonnerre s'accentua. Il provenait des profondeurs même de la terre. Des graviers et de minuscules fragments de pierre ponce brûlants tombaient tout autour de Lupus.

Sans se préoccuper de cette pluie meurtrière, il secoua Clio et lui donna de petites tapes sur les joues. Il essaya de prononcer son nom mais le seul son qu'il réussit à articuler ressemblait à un grognement animal.

Sa langue n'avait jamais manqué aussi cruellement à Lupus. Il désirait si fort l'avoir à nouveau qu'il aurait pu invoquer tous les dieux qui existaient.

Mais il n'avait plus de langue et il ne pouvait pas invoquer les dieux. Clio mourait et il n'y pouvait rien.

Le grondement du volcan atteignit Stabia au moment même où le docteur Mordecaï enfonçait un couteau long et acéré entre les côtes de Xanthus.

Le fermier avait déliré, appelé les dieux. D'une voix sinistre, Mordecaï avait demandé à sa fille d'aller chercher cette aiguille dans sa trousse.

Ils avaient tous regardé, fascinés et horrifiés. Le visage de Xanthus était bleu, il ne pouvait plus respirer. Mordecaï déchira sa tunique au niveau de la blessure, posa la pointe de l'aiguille doucement entre deux côtes et enfonça. Il y eut un bruit, comme un souffle d'air, quand l'aiguille pénétra dans le poumon du mourant. Puis Xanthus s'étrangla, et sa poitrine sembla se regonfler. Ses joues reprirent quelques couleurs.

– Merci mon Dieu, murmura Mordecaï. Miriam, s'il te plaît, prépare un cataplasme pour…

Une détonation coupa la parole du docteur. Ils se retournèrent…

– Oh, non ! s'écria Jonathan.

– Par Apollon ! s'exclama Aristo.

– Pas maintenant, hurla Mordecaï, pas maintenant !

L'épaisse colonne au-dessus du Vésuve, si blanche dans le bleu du ciel, avait commencé à s'étendre.

Elle ressemblait maintenant à un énorme nuage plat et prenait sous les yeux de Mordecaï, Flavia, Jonathan et Aristo, la forme d'un gigantesque pin parasol.

La montagne grondait depuis une éternité.

Il portait son corps depuis le début des temps.

Des éclats de pierre et des gravillons brûlants tombaient du ciel sans répit. Son visage, ses jambes et ses bras étaient couverts de minuscules coupures et brûlures.

Parfois, il tombait et sanglotait, puis il se redressait, serrait Clio plus fort dans ses bras et reprenait sa route sur le chemin bordé de cyprès. S'il existait un lieu où l'on expiait sa méchanceté après la mort, il devait y être arrivé. Lupus reconnaissait ses fautes et savait qu'il méritait cet enfer.

Il gravit donc le chemin jusqu'à la villa perdue dans la fumée où sans doute l'attendaient les dieux.

Il aperçut d'abord Vulcain, le dieu forgeron. Bien sûr, il était ici à sa place et régnait sur l'ombre et le feu. Lupus lui tendit donc le corps de Clio.

Et s'évanouit.

Tascius descendit les marches d'un pas mal assuré et fit face au volcan, les bras grands ouverts.

– Les dieux, cria-t-il, ils ne supportent plus nos mauvais comportements. Il ne supportent plus mon mauvais comportement ! Vulcain manifeste sa colère ! les dieux m'ont envoyé une épreuve et j'ai échoué !

Il tomba à genoux sur l'herbe et se griffa les joues.

Les autres le regardaient, atterrés.

Puis Mordecaï laissa Xanthus et descendit les marches à son tour. Il aida Tascius à se redresser.

– Tascius, commença-t-il d'une voix ferme, vous êtes un soldat romain et un officier. Vous devez vous reprendre, vous avez des responsabilités. Vous devez mener la maisonnée sur votre bateau et vous préparer à partir dès que les vents seront porteurs.

– C'est inutile !

Tascius montra le volcan.

– La colère de Vulcain est sur moi et je dois mourir.

Il saisit sa tunique et la déchira au cou.

– Titus Tascius Pomponianus ! cria Mordecaï en serrant les poignets du Romain, si votre heure est réellement venue, restez au moins digne jusqu'à la fin ! Donnez l'exemple à ces jeunes gens.

Les deux hommes se confrontèrent du regard pendant un long moment.

– Vous avez raison, finit par lâcher Tascius, les dieux m'ont peut-être tout pris, mais il me reste ma dignité.

Lentement, le vieux soldat se releva.

– Je prépare le bateau immédiatement.

De l'eau fraîche coulait dans la gorge irritée de Lupus. Il s'étrangla et dut s'asseoir pour tousser.

Quand il eut repris sa respiration, il ouvrit les yeux.

Vulcain se tenait près de lui. Rectina était à ses côtés. Leurs yeux bruns, si semblables, étaient emplis de tendresse et d'inquiétude.

Une des jeunes sœurs de Clio, Urania, s'accrochait aux jupes de Rectina. Thalia n'était pas loin, le visage congestionné par les larmes. Lupus entendait toujours le tonnerre et le martèlement ininterrompu sur le toit.

Rectina souleva à nouveau la cruche d'eau et Lupus la vida.

– Comment nous avez-vous retrouvés ? demanda Vulcain quand Lupus eut fini. Dieu a dû vous guider.

Lupus ricana et esquissa le geste le plus vulgaire qu'il connaissait. C'était à l'attention des dieux mais Vulcain recula comme s'il avait été frappé. Puis il se reprit :

– Tu as traversé de terribles épreuves, Lupus. Nous aussi. Tu ne dois pas être effrayé.

Lupus voulait expliquer qu'il ne ressentait pas de peur mais de la colère ! Malheureusement, il était condamné au silence. Il s'allongea donc à nouveau contre les coussins du divan. La maison bringuebalaient comme une carriole sur un chemin de graviers. Lupus sentit la chaleur et la douceur d'une éponge de mer sur son front et il entendit la voix douce de Rectina.

– Merci de m'avoir ramené ma petite Clio, Lupus, nous avons d'abord craint qu'elle ne soit morte mais Vulcain a étendu ses mains sur elle et a prié…

Lupus s'était levé en moins d'une seconde. Il poussa Rectina et Vulcain et regarda comme un fou autour de lui. Il se tenait au milieu d'un élégant atrium rouge et noir, meublé de chaises et de divans, agrémenté d'un accès facile vers le jardin mais il ne vit rien de tout cela.

Tout ce qu'il remarqua, c'était Clio, dans sa tunique orange sale, assise sur le divan face à lui, qui souriait faiblement. Elle était pâle et échevelée, mais bien en vie !

ROULEAU XXVI

– Mon bateau est prêt à partir, déclara Tascius en revenant de la plage. Prenez vos affaires et préparez des provisions, de l'eau et de la nourriture.

Il s'essuya le front du revers de la main.

– La plupart de mes esclaves ont fui. J'ai posté les derniers à la garde du bateau ; je leur ai promis de les emmener, de les sauver et de leur rendre leur liberté.

Il se laissa tomber dans un fauteuil et regarda le Vésuve.

– Pourquoi ne pas partir immédiatement demanda Jonathan, puisque le bateau est prêt ?

– Les vents sont toujours contre nous, expliqua Tascius, et ils sont trop forts.

– Peut-être pourrions-nous aller jusqu'à Stabia et louer un bateau là-bas ? insista Jonathan.

– Tous les bateaux sont comme le mien, à la merci du vent. Les seuls qui puissent partir sont les barques ou les gros bateaux de guerre à rames.

– Et si nous y allions en carriole, suggéra Flavia.

Elle avait passé son bras autour du cou d'un Scuto tremblant et tentait de le calmer en le caressant.

– Rectina l'a prise, répondit Tascius, j'ai un petit char et une charrette. Mais ils ne nous seront d'aucune utilité.

– Alors, nous marcherons !

Jonathan commençait à avoir des difficultés à respirer, mais l'asthme n'y était pour rien. Sa poitrine était oppressée par la peur.

– Nous parcourrons plus de chemin en bateau en une heure que si nous marchions pendant douze, répliqua Tascius et il ajouta : Si les vents nous poussent.

– Et s'ils restent contre nous ?

– C'est un pari que nous devons prendre.

– Père ! s'écria Jonathan désespéré.

Mordecaï veillait Xanthus. Il leva les yeux vers son fils :

– Je suis désolé Jonathan. Cet homme ne peut être bougé. Et si je le laisse, il mourra !

– Et nous aussi ! murmura Jonathan sombrement.

– Lupus, commença Vulcain en haussant la voix pour couvrir les grondements du volcan, nous avons besoin de ton aide.

Lupus s'assit près de Clio, son bras posé autour de son épaule comme pour la protéger. Il avait encore du mal à comprendre ce qui était arrivé à son amie. Il en était sûr : elle était morte dans ses bras.

– Lupus, tu m'écoutes ? Bon, très bien, la route du nord est bloquée par un glissement de terrain et le seul bateau que ma mère possédait lui a été volé. Nous sommes prisonniers au pied du volcan.

Un son aigu perça au milieu des grondements sourds. La maison trembla. Une statue de marbre du jardin s'ébranla et s'écrasa sur le sol.

– Ma mère a eu une idée, poursuivit Vulcain, c'est notre seule chance de nous en sortir. Si nous parvenons à envoyer un message à l'amiral Pline, de l'autre côté de la baie, il nous enverra peut-être un de ses bateaux de guerre. Ce navire ne sauverait pas seulement nos vies mais celles de tous ceux qui sont bloqués ici comme nous. Ma mère est en train d'écrire la missive en ce moment même.

Lupus tendit ses mains en avant, paumes vers le ciel. Le message était clair : « Comment ? »

– Rectina possède une petite barque, dans une remise, sur la côte, répondit Vulcain. Je peux ramer mais mon pied m'empêchera de courir. Quand nous atteindrons Misenum, quelqu'un d'autre devra apporter très vite le message à l'amiral. Clio affirme que tu es rapide et courageux. Et puis, tu connais Pline.

Une douche de graviers et de fragments de pierre martela le toit.

– Je voulais y aller, lança Clio, mais ils disent que je suis trop faible ! Tu vas y aller, toi, n'est-ce pas ?

Lupus accepta sans hésiter.

– C'est fait, s'exclama Rectina en entrant dans la pièce.

Elle avait du mal à garder son équilibre car le sol vibrait sous ses pieds.

– Je viens de terminer la lettre. Pline ne me refusera pas son aide. C'est un homme généreux.

Elle tendit à Lupus un objet de la taille d'un pouce. Il avait été noué par des cordons de cuir et trempé dans de la cire liquide, puis clos par un sceau représentant le serpent lové en forme de cœur, symbole de la chance.

– Quand tu arriveras à Misenum, reprit Rectina, tu devras courir aussi vite que possible jusqu'à la maison de l'amiral. Elle est tout en haut de la colline. Trois immenses peupliers en marquent l'entrée. Tu comprends, Lupus ? Vulcain ramera et toi tu courras !

Elle l'embrassa sur le front.

– Que les dieux vous protègent !

À la villa Pomponiana, tous regardaient en direction de la baie, vers les montagnes, en priant pour que le vent tourne. Mais le nuage de cendre au-dessus du Vésuve s'éloignait vers le sud. Leurs prières n'avaient aucun effet.

Pendant que Mordecaï et Miriam aidaient Xanthus à respirer, Tascius commença à raconter la vérité sur la naissance de Vulcain.

–La première fois que j'ai rencontré Pline, il était invité dans cette maison.

Tascius se versa un verre de vin.

–Il était parti en campagne en Germanie avec mon père. Ils étaient devenus amis. Pline ressemblait beaucoup à mon père. Érudit brillant autant qu'homme d'action. J'étais un bon soldat mais pas très adroit. Mon père voulait que je prenne exemple sur Pline.

Il s'arrêta et regarda autour de lui. Des cernes noirs s'étalaient sous ses yeux.

–Je n'ai jamais raconté cette histoire à personne. Et voyez à qui je suis en train de la raconter aujourd'hui : des juifs, des chrétiens et des enfants.

Il esquissa un geste d'impuissance.

–Quelle importance ? Je serai bientôt mort.

Il but une gorgée de vin.

–Quand Rectina et moi nous sommes mariés, nous sommes venus vivre ici. Chez mes parents. J'étais à la guerre la plupart du temps. C'est à cette période que Pline s'est installé ici pour terminer la biographie de mon père. Pline est vieux et gros aujourd'hui, comme moi. Mais il y a dix-huit ans, il était beau et avenant.

Tascius s'arrêta à nouveau et regarda l'intérieur de son verre. Comme si le passé se reflétait dans le liquide rouge.

–J'étais souvent absent. Pline était toujours là. Avec mon père. Et avec Rectina. Un jour, je les ai entendus parler et rire. C'est à ce moment que j'ai eu des soupçons. Neuf mois plus tard, quand Pline revint avec ses rouleaux poussiéreux, Rectina donnait naissance à un garçon. Un garçon marqué de la désapprobation des dieux. Il avait un pied bot.

– Vous voulez dire que…

Flavia commençait tout juste à comprendre ce que Tascius leur expliquait.

– Oui, répondit Tascius, Vulcain n'est pas mon fils mais celui de Pline.

ROULEAU XXVII

Dans la minuscule barque, perdue dans l'immensité de la baie de Neapolis, Lupus regardait Vulcain avec respect. Le forgeron ramait depuis près d'une heure. Il ne s'était arrêté que deux fois : la première pour ôter la cape censée le protéger de la pluie de graviers et de cendre et la deuxième pour se débarrasser de sa tunique. Il n'était plus vêtu que d'un pagne et sa puissante et musculeuse poitrine ruisselait de sueur. Ses veines ressortaient d'une manière impressionnante, en amenant le sang aux muscles qui devaient souffrir le martyre.

L'agréable visage de Vulcain était déformé par l'effort. Son corps était tout écorché et noir de cendres. Ses lèvres gercées et sèches. Lupus savait que des cendres brûlaient l'intérieur de la bouche de Vulcain, comme elles brûlaient la sienne. Le simple fait de respirer devait être pour lui une véritable souffrance.

Lupus but une gorgée à la gourde que Rectina leur avait donnée, puis la tendit au forgeron.

La mâchoire serrée, Vulcain refusa d'un signe de tête et continua de concentrer tous ses efforts vers Misenum qui se trouvait encore à quatre milles de distance.

–Vulcain sait-il que Pline est son père ? demanda Flavia.

Tascius secoua la tête.

–Non, je ne crois pas. À moins qu'il n'ait retrouvé Rectina à Herculaneum et qu'elle le lui ait dit.

Il regarda la baie derrière laquelle se découpait le volcan. Le nuage de fumée en forme d'arbre qui s'échappait du sommet n'était plus blanc mais gris. Le sol ne cessait de trembler.

–J'étais presque sûr que Rectina était enceinte de Pline. Quand le bébé est né, j'ai vu le pied bot. J'avais la preuve que cet enfant n'était pas de moi.

Il vida son verre.

–Je l'ai appelé Publius.

Tascius eut un rire sinistre.

–C'est le nom de mon père.

–En avez-vous parlé à votre femme ? demanda Aristo.

–Je ne voulais pas la perdre. Je l'aimais. Plus tard, je ne pouvais plus l'accuser…

Tascius se versa un nouveau verre.

–La fin du monde est proche. Autant tout vous avouer.

– Peu de temps après la naissance du bébé, j'ai fini mon service militaire. Nous avons décidé d'emménager dans la villa de Rectina à Herculaneum. Nous ne prîmes que deux esclaves avec nous. Les autres devaient arriver quelques jours plus tard, avec nos affaires. Le voyage avait été éprouvant. Rectina était allée se reposer avec le bébé.

« Je ne me rappelle même pas être entré dans la chambre de ma femme. Le bébé dormait près d'elle. Il était enveloppé dans des langes très serrés ; je l'ai pris dans mes bras. Il a ouvert les yeux. De grands yeux gris comme ceux de Rectina.

« Je l'ai posé sur le rebord de la fenêtre. C'était une petite fenêtre à barreaux. Je suis sorti et je l'ai récupéré par l'extérieur.

Tascius se leva et s'appuya à la colonne. Entre l'ombre et la lumière du soleil. Il leur tournait le dos à présent mais sa voix était parfaitement audible.

– Si l'enfant avait crié ou émis le moindre bruit... Mais il ne le fit pas. De l'extérieur, il était assez facile de le saisir et de le faire passer entre les barreaux.

« J'ai sellé un cheval. J'ai galopé jusqu'à Pompéi et je l'ai abandonné dans un buisson près d'une rivière. Des esclaves lavaient des vêtements non loin. Il s'est mis à pleurer. Je me suis enfui. Je savais qu'il serait recueilli.

Tascius s'arrêta un moment et posa sa tête contre la colonne fraîche.

–En retournant à la villa, je me suis arrêté à Herculaneum pour rendre visite à un vieil ami. Au cas où quelqu'un m'aurait aperçu sur la route. J'ai bu un verre en sa compagnie. Je suis rentré au crépuscule. La maison était en pleine effervescence. Rectina était… je pensais qu'elle serait soulagée d'être débarrassée de ce bébé. Mais son angoisse était terrible. Je n'ai jamais voulu lui faire de mal.

Un lointain grondement se fit entendre et un nouveau tremblement secoua la villa. La coupe de vin que Tascius avait posée sur le bord de la table tomba et se brisa sur le sol de marbre. Tascius ne se retourna pas et personne ne fit le moindre mouvement.

–Le lendemain matin, je suis retourné à Pompéi. J'ai cherché sur les berges de la rivière. J'ai enquêté, posé des questions, proposé des récompenses. Mais l'enfant avait disparu.

« Plus tard, j'ai pensé que si Rectina avait un autre enfant, elle oublierait le premier. Mais elle ne fut plus jamais enceinte. Son ventre s'était refermé sur son chagrin. Ou peut-être était-ce une punition des dieux.

Il se retourna et leur fit face.

–Quand Rectina a découvert cette petite orpheline, elle a retrouvé un peu de joie de vivre. J'ai accepté qu'elle garde l'enfant. Et nous en avons adopté huit de plus. Vous savez à quel point j'aime mes filles et combien elles m'aiment. Je suis un bon père.

Son visage se détendit. Puis il fronça les sourcils et se dirigea vers la coupe brisée. Il s'agenouilla et commença à ramasser les éclats d'argile.

–Quand il est apparu à la fête de Vulcanalia, hier, elle s'est évanouie ; je l'ai ramenée ici. Quand elle a repris conscience, elle a demandé avec insistance où il était. Je lui ai répondu que je l'ignorais. Elle m'a regardé et m'a demandé : « C'était notre fils, n'est-ce pas, Titus ? » J'ai répondu : « Pas notre fils, le tien. » Elle m'a demandé ce que je voulais dire. J'ai fini par lâcher les mots que je n'avais jamais réussi à prononcer : « Cet enfant au pied bot n'a jamais été mon fils. C'est celui de Pline ! » Elle m'a regardé. Et je pense… je pense qu'elle a compris ce que j'avais fait il y a dix-huit ans.

Tascius se redressa et appuya sur son pouce, là où il s'était coupé avec un des morceaux d'argile.

Sa voix s'étrangla.

–Alors, Rectina m'a demandé où il était. Et, moi… que les dieux me pardonnent… j'ai répondu… « Qui ? De qui parles-tu ? De Pline ou de son fils ? »

Tascius regarda la goutte de sang rouge qui perlait sur son pouce.

–Tôt le lendemain matin, elle a pris mes filles et m'a quitté pour toujours. Maintenant, je suis vraiment seul.

Lupus et Vulcain n'étaient plus qu'à deux milles de Misenum. Ils apercevaient déjà le port. Soudain, un projectile atteignit le forgeron en plein sur le front et l'assomma.

Lupus crut d'abord que Vulcain était mort. Il rampa vers lui et appuya ses pouces contre son cou comme il avait vu Mordecaï faire. Après un instant, il sentit le pouls. Faible mais régulier.

Il enleva ses mains et remarqua qu'elles étaient couvertes de sang. Le coup avait laissé une vilaine plaie sur l'arcade de Vulcain. Lupus trouva la pierre encore fumante et la soupesa. C'était un gros morceau de rocher, plus dense et plus lourd que les pierres qui étaient tombées jusqu'à présent. Il avait dû frapper Vulcain violemment. Un caillou plus gros l'aurait sûrement tué net.

Lupus se redressa, écarta les jambes pour empêcher le bateau de tanguer, évalua la distance qui lui restait à parcourir jusqu'au port. Un mille, un mille et demi au maximum. Il pouvait essayer de ramer mais le poids du corps de Vulcain le ralentirait.

Il serait plus rapide à la nage. Il avait été capable de parcourir cette distance un mois plus tôt, mais il n'était pas fatigué à ce moment-là. Et le temps était agréable.

Graviers et cendres tombaient du ciel. Et d'autres roches comme celle qui avait assommé Vulcain. Lupus s'accrocha le carré de cuir que lui avait donné Rectina autour du cou. Il était la dernière chance de Clio et de ses sœurs.

Il enleva sa tunique, prit une longue inspiration et sauta.

ROULEAU XXVIII

Lupus plongea. L'eau salée agressait chacune de ses plaies et de ses brûlures, il en pleurait presque de douleur. C'était comme si on lui enfonçait des centaines d'aiguilles dans le corps et le visage.

Il savait que l'eau de mer était bonne pour les plaies superficielles. Il avait entendu le docteur Mordecaï prescrire des bains de mer à un de ses patients couvert de blessures.

Mais cette eau était parsemée de cendre et Lupus était toujours exposé à l'incessante pluie de fragments éjectés par le volcan.

Lupus ressentit rapidement la fatigue. Il était debout depuis l'aube, avait galopé pendant deux heures, avait porté Clio sur près d'un demi-mille. Ses bras lui faisaient mal et ses poumons n'arrivaient pas à aspirer suffisamment d'air.

Il arrêta de nager quelques instants. À moins d'un mille, il distinguait un brise-lames et juste derrière les mâts qui dépassaient du port. Il apercevait même la silhouette des trois peupliers sur une des collines qui surplombaient le port. Ces trois peupliers étaient son but, la maison de l'amiral.

Des centaines, des milliers de vie peut-être dépendaient de sa réussite. Il prit une inspiration et se remit à nager.

– Hé, gamin, donne-moi ta main. Viens là, par ici ! Par Hercule ! Qu'est-ce qui t'est arrivé ? Et pourquoi tu patauges comme ça au milieu de la flotte romaine ? Tu ne sais pas que c'est une zone interdite ? Réservée aux soldats et aux marins. Caïus, apporte une couverture ou une vieille cape, n'importe quoi pour le couvrir. Voilà, c'est mieux. Enveloppe-toi là-dedans mon garçon. Ça va mieux, non ? En temps normal, je devrais faire un rapport sur toi, mais… hé, où tu vas, reviens, cette cape n'est pas à toi !

À la villa Pomponiana, Nubia arriva en courant jusqu'à la salle à manger.

– Des bateaux-insectes ! cria-t-elle en désignant la baie.

Nipur, caché sous un divan, sentit l'excitation de sa maîtresse et aboya.

– Des bateaux-insectes ? s'étonna Tascius en fronçant les sourcils.

– Là ! s'exclama Jonathan, derrière la jetée ! Des bateaux de guerre ! Un, deux, trois, quatre…

–Par les dieux, vous avez une bonne vue les enfants, glapit Tascius, oui, vous avez raison, je les vois. On dirait la flotte impériale !

–Ces bateaux sont bien actionnés par des rameurs ? demanda Aristo.

–Oui, répondit Tascius, par voile et rames !

–Ce qui veut dire qu'ils peuvent aller n'importe où, même contre le vent.

–Mais où vont-ils ? s'interrogea Jonathan.

–À Herculaneum, j'en suis sûr, lâcha Tascius.

–C'est l'amiral, s'écria Flavia en sautant sur place et en frappant dans ses mains, c'est l'amiral Pline ! Il a envoyé la flotte impériale pour sauver les gens qui vivent au pied du volcan !

–Mon Dieu, faites qu'il vienne également nous sauver, ajouta Jonathan.

Lupus était assis sur un divan dans la cabine ouverte du bateau de guerre. Il portait une tunique trop grande pour lui et buvait à petites gorgées du vin chaud au miel. Le navire fendait les flots, ses rames se levaient et se baissaient au rythme du chant des rameurs. Derrière eux, suivaient une douzaine de navires semblables.

L'amiral Pline était allongé sur un divan, près de Lupus. Il tenait à la main la missive de Rectina. L'amiral l'avait lue un grand nombre de fois mais il éprouvait le besoin de dérouler à nouveau le papyrus. Phrixus, le scribe, se tenait derrière lui, le stylet prêt à gratter la tablette de cire.

– Elle écrit qu'elle est terrifiée par le danger qui la menace et elle me supplie de venir porter secours à ses filles et de leur éviter un destin affreux…

Pline lut à voix haute et jeta un coup d'œil à Lupus.

– Tu es arrivé juste à temps. Phrixus et moi allions justement partir dans un plus petit bateau pour étudier le phénomène de plus près. Je n'imaginais pas une seconde que le volcan était aussi dangereux pour les habitants.

Ils dépassèrent la jetée de Puteoli et Lupus pensa à Vulcain qui gisait inconscient dans la barque. Il se leva et regarda par-dessus le bastingage. Soudain il grogna et pointa un doigt vers la droite.

– Quoi ? Qu'est-ce que tu vois ?

Lupus marcha devant l'amiral, en imitant le boitement de Vulcain.

– Tu t'es blessé le pied ? Tu as mal ?

Lupus secoua la tête avec vigueur et arracha presque la tablette des mains du scribe. Phrixus émit une protestation mais Pline leva la main. Ils regardèrent le garçon écrire dans la cire.

Lupus avait pris des cours avec Aristo pendant plus d'un mois et il avait appris l'alphabet et quelques mots simples. Il n'avait jamais écrit le nom de Vulcain mais il essaya, épelant chaque lettre dans sa tête comme Aristo le lui avait enseigné. Puis, il tendit la tablette à Pline. Il avait écrit en lettres capitales :

VOLCAN

– C'est juste, mon petit ! Très bonne intuition. Le phénomène que nous observons est bien une éruption volcanique. Je n'aurais jamais pensé que le Vésuve…

Lupus reprit la tablette et ajouta deux mots avant de la lui rendre.

VOLCAN DANS BATEAU

Il montra la mer à nouveau.

– Là, s'écria soudain Phrixus, j'aperçois quelque chose. Une barque ! Vulcain le forgeron doit être dedans.

ROULEAU XXIX

Flavia aida Jonathan à nouer une serviette de lin pour protéger le bas de son visage. Il l'avait d'abord trempée dans l'eau pour empêcher les cendres les plus fines de pénétrer dans ses poumons.

Elle finit le nœud puis rejoignit Nubia qui se tenait entre deux colonnes de la salle à manger. Elles regardèrent la flotte romaine remonter la baie comme une colonne d'insectes rampant sur une table de jade poli.

De temps en temps, elles sentaient le sol vibrer et voyaient le nuage de cendre au-dessus du volcan s'épaissir et changer de couleur. L'atmosphère était devenue plus dense et il était de plus en plus difficile de distinguer les détails.

– Ont-ils atteint la côte ? demanda Aristo d'une voix anxieuse.

– Les bateaux-insectes sont arrêtés, répondit doucement Nubia.

– Sont-ils en train de descendre ? s'enquit Tascius.

– Que font-ils ? insista Jonathan qui avait glissé le sachet offert par Pline sous le mouchoir.

Flavia remarqua que sa respiration n'était pas le moins du monde sifflante.

– Je ne sais pas… soupira Tascius.

Il essuya la sueur qui coulait sur son visage.

– Peut-être que la côte est bloquée. C'est difficile à dire. Tout semble si sombre, aujourd'hui.

– Tout est sombre, confirma Aristo.

– Regardez le soleil, murmura Flavia, il est rouge sang.

– Le soleil deviendra plus sombre que la nuit et la lune plus rouge que le sang. Ce sera la fin des temps[1], prononça une voix derrière eux.

Ils se retournèrent.

Mordecaï tira doucement le drap de lin sur le visage de Xanthus, courba la nuque et récita la prière pour les morts.

Lupus observa les marins de Pline sortir Vulcain de la barque pour le monter sur le bateau. Ils l'allongèrent dans la cabine, sur le divan de l'amiral.

– Par les dieux, il est fort mal en point, siffla Pline.

Les brûlures du forgeron n'avaient pas été lavées par l'eau de mer comme celles de Lupus. Son corps et son visage étaient affreusement mutilés.

1. Extrait de la Bible. Livre de l'Apocalypse. 6, 12.

L'amiral l'examina pendant un long moment. Puis il se tourna vers Lupus.

– Il a ramé tout du long, depuis la villa de Rectina ? C'est impossible.

Lupus haussa les épaules.

– Et ensuite, il a été blessé par un des fragments de roche du volcan et tu as parcouru le reste du chemin à la nage ?

Lupus hocha la tête affirmativement et Pline fronça les sourcils.

– Si je croyais que les dieux existent…

L'amiral secoua la tête et ouvrit son ombrelle en toile.

– Viens Lupus, si tu n'es pas trop fatigué, nous allons continuer nos observations.

Lupus était épuisé, mais il suivit l'amiral et son scribe à l'avant du bateau. Ils s'appuyèrent tous trois contre la proue de bronze et portèrent leur regard au loin, vers le volcan. Derrière eux, les rameurs scandaient leur chant rapide et les rames suivaient le rythme.

La brise était avec eux et, rapidement, Lupus aperçut le toit rouge de la villa de Rectina près d'une rangée de cyprès. Il eut l'impression qu'une silhouette se découpait sur la jetée… ou alors n'était-ce qu'un poteau ? La cendre lui brouillait la vue.

Le vent tourna légèrement, ce qui leur valut une soudaine pluie de graviers et de cailloux enflammés sur le parasol de Pline.

–Fascinant, murmura l'amiral.

Il se tourna vers son scribe.

–Phrixus, prends note de ceci : les cendres tombent plus dru et plus chaudes à mesure que nous approchons de la côte. Elles sont mêlées à des morceaux de pierre ponce noircis et... hum... des cailloux carbonisés et craquelés par la chaleur...

Pline fut interrompu par une toux âpre.

À ce moment, la vigie cria :

–Fond en vue et rochers droit devant, amiral !

Pline se pencha sur le bastingage et se tourna pour faire face à ses hommes.

–Stop ! siffla-t-il en levant les mains. Arrière toute, arrière toute !

Mais il fut reprit d'une violente quinte de toux.

Les rameurs tournèrent prestement leurs rames et manœuvrèrent pour arrêter l'avancée du bateau.

Un officier hissa immédiatement un fanion, qui flotta au sommet du mât principal, prévenant les autres navires du danger.

–Par les dieux, murmura Pline quand sa toux commença à se calmer, la côte est bloquée. Envahie de débris de roches de toutes sortes. Nous ne pouvons pas nous approcher plus près.

Il avait à peine fini sa phrase qu'une boule de feu de la taille d'une pierre à moudre le grain tomba dans l'eau à moins de cinq mètres du bateau et les aspergea d'eau chaude.

– La mer est presque bouillante ! s'étrangla Pline. Phrixus, prends-en note. Tout de suite !

Pour une fois, le scribe ne prit pas l'ordre en compte.

– Maître, cria-t-il, votre ombrelle est en feu ! Vite !

Pline jeta l'ombrelle enflammée par-dessus bord et, accompagné de Phrixus et de Lupus, ils se précipitèrent dans la cabine. Une nouvelle pluie de graviers tombait sur leur tête. Une fois à l'abri, l'amiral observa à nouveau la côte.

– Nous ne pouvons aller plus loin. Je ne vois pas comment sauver Rectina.

Derrière eux, toujours allongé sur le divan de l'amiral, Vulcain émit un grognement.

– Amiral, appela le marin à la barre, nous devons faire demi-tour. La montagne projette d'énormes pierres sur nous et la côte est complètement bloquée. Si nous restons, toute la flotte sera détruite !

– Hors de question, siffla Pline, nous ne battrons pas en retraite !

Il réfléchit un instant et claqua soudain des doigts.

– Je sais ! Nous allons renvoyer les autres navires à Misenum. Ils y seront à l'abri. Je ne peux me permettre de perdre toute la flotte impériale. Et nous, nous allons repartir à Stabia, jusqu'à la villa de Tascius. Peut-être que Rectina a réussi à y retourner.

Lupus agrippa le bras de l'amiral et secoua violemment la tête. Il savait que Rectina les attendait à sa villa.

– J'ai pris ma décision ! lança l'amiral avec impatience.

Il reprit son bras à Lupus et se tourna vers l'homme à la barre.

– Le vent est derrière nous. Nous atteindrons Stabia en très peu de temps. « La fortune sourit aux courageux », cita-t-il.

Et il ajouta à l'attention de Phrixus :

– Tu peux noter cela !

– Regardez ! cria Flavia. Les bateaux-insectes retournent chez eux.

– C'est vrai ? demanda Tascius, en se frottant les paupières. Par Jupiter, mes yeux me piquent, je ne vois plus rien… Mais la flotte n'a pas eu le temps d'embarquer le moindre passager…

– Nubia a raison, confirma tristement Jonathan, ils font demi-tour.

– Que Jupiter les maudisse ! jura Tascius.

– Réjouissez-vous ! lança Nubia. Un des bateaux-insectes vient vers nous.

Lupus, debout à la poupe du navire de Pline regardait Herculaneum s'évanouir dans le brouillard de cendre. La cape qu'il avait ramenée sur sa tête le protégeait à peine de la pluie de graviers, mais il s'en fichait.

Ses yeux ne quittaient pas la minuscule silhouette orange qui se tenait près des oliviers tout au bord de l'eau.

La cendre lui piquait les yeux. Des rivières coulaient sur ses joues mais il ne cillait pas. Il regardait la silhouette rapetisser encore et encore, jusqu'à ce qu'elle disparaisse complètement.

ROULEAU XXX

De loin, le bateau de guerre semblait luisant comme du marbre, mais à mesure qu'il approchait, Flavia distinguait les éraflures sur sa coque.

Elle se tenait entre Jonathan et Nubia sous les pins parasols près de la jetée privée de Tascius.

Les trois amis et leurs chiens regardaient les rames se lever et s'abaisser comme des ailes d'oiseau. Puis elles plongèrent pour ne pas remonter et le bateau ralentit. Portée par son élan, le navire accosta.

Les deux esclaves qui surveillaient le bateau de Tascius s'étaient également réfugiés sous les pins. Ils coururent le long de la jetée, attrapèrent les bouts lancés par les marins et les amarrèrent fermement.

Une vague souleva le bateau et lui fit heurter le bord à plusieurs reprises. Les marins eurent du mal à installer la passerelle de débarquement. La première personne à descendre fut un jeune garçon épuisé vêtu d'une tunique trop grande pour lui.

– Lupus ! s'écrièrent Flavia et ses amis en se précipitant pour l'accueillir.

Deux marins portèrent le brancard de Vulcain dans la salle à manger. Le forgeron n'avait pas repris conscience, ils l'allongèrent sur un divan. Miriam arrangea autour de lui les coussins noirs et blancs et Mordecaï commença à passer de l'eau vinaigrée sur les plaies de son visage.

Lupus, les yeux rougis par la tristesse et la fatigue, but un grand verre d'eau, s'installa sur un autre divan et s'endormit aussitôt.

Quelques minutes plus tard, Pline gravissait les marches à son tour. Il alla droit vers Tascius dont les yeux étaient fixés sur le forgeron inconscient.

– Rectina est-elle ici ? demanda Pline. Est-elle revenue d'Herculaneum ?

Tascius le regarda bouche bée.

– Elle m'a envoyé un message pour me demander de venir la sauver, expliqua l'amiral, mais nous n'avons pas pu accoster. Je suis désolé, vieux frère… j'avais espéré que…

Il s'arrêta pour reprendre sa respiration.

– Flavia Gemina, vous êtes ici ! Et Mordecaï ben Ezra également. Parfait ! Si vous pouviez examiner mes marins, docteur… beaucoup souffrent de brûlures et de coupures.

Il se retourna vers Tascius.

– Mon cher Titus, puis-je utiliser tes thermes privés avant le dîner ?

– Les thermes ? Tu veux te baigner ?

– Si cela ne te dérange pas, évidemment…

–Presque tous mes esclaves sont partis, bégaya Tascius, je n'en ai plus assez pour faire chauffer l'eau. Il y a toujours le bain froid…

–Parfait !

L'amiral s'essuya le front.

–C'est tout ce dont j'ai besoin par une journée aussi chaude. Apporte la tablette et le stylet Phryxus, nous allons continuer à prendre des notes. Quelqu'un veut-il venir prendre un bain avec moi ?

–Attendez ! cria Jonathan, la voix légèrement étouffée derrière le mouchoir. Vous ne pouvez pas aller prendre un bain comme si tout était pour le mieux dans le meilleur des mondes ! Un volcan est en pleine éruption à moins de cinq milles d'ici.

–Et vous n'allez pas nous sauver ? se révolta Flavia.

–Nous emmener dans votre bateau-insecte ? continua Nubia.

–C'est hors de question, siffla l'amiral, la nuit ne va pas tarder à tomber. Mes hommes et moi avons besoin de nous restaurer et quand nous aurons fini de dîner, on n'y verra plus goutte. Je propose que nous prenions tous une nuit de sommeil réparateur et que nous partions demain à l'aube. La situation n'est pas si mauvaise ici. Surtout si l'on compare à Herculaneum et à Pompéi.

Le soleil couchant rougissait le nuage au-dessus du volcan.

Jonathan, Flavia et Nubia ne pouvaient en détacher le regard.

–Si nous avions pris la route côtière en direction du sud, lança Jonathan, nous serions déjà loin.

–J'ai l'impression que ça se calme.

–Quoi ?

Flavia souleva le mouchoir qui lui couvrait la bouche et répéta :

–Je crois que l'éruption se calme. Le bruit est moins fort que cet après-midi.

–Le sol ne tremble plus autant, ajouta Nubia.

Elle aussi s'était noué un mouchoir sur le nez.

–J'espère que vous avez raison.

Jonathan s'appuya contre une colonne.

–Je voudrais seulement que nous soyons loin d'ici. Je voudrais que nous soyons à Ostia.

Flavia essaya de consoler son ami.

–C'est une bonne idée que tu as eu… les mouchoirs.

Le dîner, composé de pain et de fromage saupoudré de cendre, fut frugal et rapide. Ensuite, chacun suivit l'exemple de Jonathan et attacha un mouchoir humide devant sa bouche pour protéger ses poumons. L'amiral Pline, qui sortait tout juste du bain, avait reconnu que sa respiration s'en était trouvé améliorée. Ses marins l'avaient donc imité avant de commencer à jouer aux dés, assis à même le sol. Même Vulcain, toujours évanoui sur le canapé, avait le visage recouvert par un linge.

–Ça ne peut pas être un bon présage, marmonna Jonathan en regardant vers la salle à manger.

La lumière rasante du soleil se mêlait à la poussière de cendre, créant une lumière rouge qui emplissait la salle à manger.

–On dirait que la pièce est pleine de sang, reprit-il, et ils ressemblent tous à une bande de pillards. Des pillards dans une pièce ensanglantée. Est-ce que j'ai encore des visions ?

–Non, pas cette fois, lui répondit Flavia, c'est vrai, avec les mouchoirs noués ainsi, ils ressemblent à des voleurs.

Flavia réalisait qu'elle regardait pour la première fois les yeux et les sourcils des gens. Elle n'avait jamais remarqué combien ceux de Pline étaient blonds et clairsemés ni à quel point la courbure de ceux de Miriam mettait ses yeux sombres en valeur. Mordecaï et Jonathan avaient de jolis sourcils, alors que ceux de Vulcain et Tascius formaient une barre uniforme au-dessus de leur nez.

C'est à ce moment qu'elle comprit.

Prenant une grande inspiration, elle se tourna vers Pline.

Son cœur battait à tout rompre.

–Amiral, pourquoi nous avez-vous demandé de retrouver Vulcain ?

ROULEAU XXXI

Le soleil n'avait pas encore disparu derrière l'horizon, pourtant la salle à manger était déjà plongée dans une semi-obscurité violette. Un des trois esclaves restants, Gutta, alluma les lampes à huile de la pièce et les torches du jardin.

– Pourquoi vous ai-je demandé de retrouver Vulcain ? répéta Pline. À ton avis ?

– Je pense que vous saviez qu'il était le fils perdu de Rectina et que vous espériez que nous l'amènerions à sa mère.

– Très astucieux, ma chère. Vous avez presque raison. Je n'étais sûr de rien mais j'avais un doute.

Les yeux de Pline brillaient comme des charbons ardents.

– La première fois que je l'ai vu, son visage m'a semblé familier. Quelques jours plus tard, j'ai su qu'il me faisait penser à Rectina. J'étais presque sûr qu'il était son fils et celui de Tascius. Je suis retourné le voir mais…

– Menteur !

La voix de Tascius était étouffée par le mouchoir mais sa colère était perceptible.

–Quoi ?

Les yeux de l'amiral s'agrandirent.

–Vulcain n'est pas mon fils et tu le sais parfaitement !

Tascius s'était levé.

–Que veux-tu dire ?

Tascius tremblait de la tête aux pieds.

–C'est le tien !

–Mais de quoi parles-tu ?

Pline semblait réellement surpris.

–Je sais que tu as été l'amant de Rectina ! Ce boiteux est le fruit de vos amours coupables !

Pline se leva à son tour et arracha le mouchoir.

–Comment oses-tu ? Qui t'a donné une pareille idée ?

–Tu ne t'es pas contenté de me voler l'affection de mon père ! Tu m'as également pris celle de ma femme !

La consternation remplaça la colère sur le visage de Pline.

–Mon cher Titus, commença-t-il gravement, tu te trompes lourdement. Rectina et moi avons beaucoup de respect et d'affection l'un pour l'autre mais nous n'avons jamais été amants.

–Menteur ! cria à nouveau Tascius en arrachant le mouchoir à son tour. Ce boiteux est ton fils !

Tascius se dirigea vers le divan sur lequel reposait Vulcain et lui enleva sa botte droite. Miriam ravala un sanglot et cacha son visage dans la robe de son père.

–Regarde ! Voilà la preuve du mécontentement des dieux !

Tout le monde regardait, horrifié, le pied tordu de Vulcain. Il était rouge et rond comme un poing serré. Vulcain s'étira et émit un grognement. Ses longs cils tremblèrent légèrement.

Mordecaï s'avança. Ses yeux gris flamboyaient de colère entre son turban et le mouchoir.

–Ceci n'est pas la preuve que Vulcain n'est pas votre fils !

Il ramassa la botte du forgeron pour la lui remettre.

–Mais il n'est pas mon fils !

Flavia se tourna vers Tascius.

–Si ! C'est votre fils ! Ne voyez-vous pas qu'il vous ressemble ? Regardez ses sourcils. Il a la bouche et les yeux de Rectina, c'est vrai mais il a vos sourcils !

–Mes sourcils, ricana Tascius, mes sourcils !

–Elle a raison, Père.

Vulcain avait ouvert les yeux.

–Mère m'a raconté toute la vérité. Je suis ton fils, celui que tu as abandonné. Ton seul et unique fils.

L'amiral Pline fixa Tascius.

–Toi ? C'est toi qui l'as abandonné ?

Tascius courba la tête.

– Tu l'as abandonné parce que tu pensais qu'il était de moi ?

Tascius ferma les yeux.

– Tu te rends compte ! Tu as abandonné ton propre fils, menti pendant dix-sept ans et finalement laissé partir ta femme et tes filles, dans un endroit où elles vont probablement mourir !

Tascius redressa la tête et regarda Pline d'un air stupide. Comme un boxeur qui aurait reçu trop de coups.

– Rectina n'a jamais aimé que toi, continua Pline sans fléchir, Elle t'a toujours été fidèle. Elle s'est toujours comportée comme une digne femme romaine !

Il fit un geste vers Vulcain.

– Et ce jeune homme… Titus, écoute-moi bien, est un des plus courageux jeunes hommes que j'aie jamais rencontrés. Il est ton fils, Titus, ta chair et ton sang ! Et tu devrais être fier de lui, aussi fier de lui que ton père l'était de toi !

Tascius tourna lentement la tête vers Vulcain. Dans la lumière vacillante des lampes à huile, ses yeux semblaient voilés.

– Est-ce vrai ? murmura-t-il, es-tu…

Vulcain détourna les yeux et ferma les paupières. Il pleurait. Au loin, le volcan grondait.

Tascius fit un pas hésitant vers le divan.

– Vulcain.

Le vieux soldat se pencha et prit les mains trapues de son fils dans les siennes. Il les examina, et les embrassa doucement en les pressant contre son visage. Ses épaules tremblaient. Les mains de Vulcain essuyaient les larmes qui coulaient sur les joues de son père.

Tascius ôta la bague-sceau de son majeur et la leva pour que chacun puisse la voir.

– Par les dieux, commença-t-il.

Mais sa voix s'étrangla et il dut reprendre :

– Par les dieux, je déclare devant témoins que ce jeune homme est mon fils et héritier.

Il glissa la bague au petit doigt de Vulcain.

– Tout ce qui m'appartient est à lui et on ne l'appellera plus Vulcain mais Publius Tascius Pomponianus !

– Je n'arriverai jamais à l'appeler comme ça, murmura Flavia à Jonathan et Nubia. Pour moi, il sera toujours Vulcain.

– Pour moi aussi, chuchota Jonathan.

Nubia approuva.

Le soleil était couché depuis longtemps et seules les torches allumées dans le jardin perçaient la profonde obscurité.

L'amiral Pline était allé se coucher, mais aucun des autres ne pouvait dormir. Personne ne voulait s'éloigner des lampes et personne ne voulait rester seul.

Gutta balayait la cendre qui recouvrait le sol et quelques marins jouaient encore aux dés.

Tascius avait approché sa chaise du divan de son fils et les deux hommes avaient eu une longue et calme conversation. De temps à autre, Tascius portait une coupe de vin coupé d'eau aux lèvres de Vulcain et l'aidait à boire. Parfois, ils se mettaient à pleurer ensemble.

Puis il appelèrent Mordecaï et Flavia entendit les trois hommes parler de la devinette de l'âne.

Elle vint timidement vers eux.

Vulcain lui sourit.

– Merci Flavia Gemina, merci de tout cœur.

– Pourquoi ? demanda Flavia. Je n'ai pas fait tout cela pour toi. Je ne pensais qu'au trésor.

– Je ne te crois pas, tu es une fille qui aime la vérité et ton désir de savoir m'a aidé à retrouver mes parents : ma mère…

La voix du forgeron s'étrangla :

– … et mon père.

Tascius serra si fort la main de son fils que ses articulations devinrent blanches.

– Comment puis-je te remercier ? reprit le jeune homme.

– Donne-moi la signification de la devinette de l'âne et dis-moi quel est ce trésor.

ROULEAU XXXII

Lupus s'était enfin réveillé de son profond sommeil. Malgré l'étouffante chaleur de la nuit, il s'enveloppa dans un drap de lin et rejoignit Flavia, Jonathan et Nubia assis par terre au pied du divan de Vulcain.

–Tu veux donc connaître la signification de la devinette de l'âne, et savoir de quoi est constitué le trésor…

Le forgeron se redressa un instant mais dut rapidement se réinstaller contre les coussins.

Tascius posa une main sur l'épaule de son fils :

–Fais attention à toi, Publius.

–Je crois l'avoir en partie comprise, murmura Flavia, je pense que le mot âne est un mot de passe pour les chrétiens, parce que cet animal est… votre dieu…

Il y eut un silence. Puis Jonathan s'exclama :

–Quoi ?

–Je vous ai vus prier l'âne à l'étable une nuit, expliqua Flavia.

–Notre dieu n'est pas un âne, s'écria Jonathan, notre dieu est invisible.

–Oh ! dit Flavia.

–Mais tu avais raison en ce qui concerne le mot de passe, précisa Vulcain, notre foi est illégale et nous devons être très prudents. Le mot âne n'est qu'un des nombreux messages codés que nous utilisons pour montrer notre dévotion.

–Si je comprends bien, votre dieu invisible est un peu comme un berger et un peu comme un âne ? demanda Flavia.

–Et il est un peu comme un dauphin et comme une ancre et comme un aigle et également comme un guerrier, répondit Jonathan. C'est celui que je préfère, le guerrier !

–Mais en quoi est-il comme un âne ?

Vulcain lui retourna la question :

–À ton avis ?

–Doux, patient et humble ?

–Exactement.

–Avec des grandes oreilles et une douce fourrure ? ajouta doucement Nubia.

Et elle se mit à rire.

–Hé, c'est la première blague de Nubia dans notre langue ! s'écria Jonathan en donnant une tape dans le dos de la jeune Africaine.

Vulcain sourit à son tour.

–Les lettres du mot âne en latin – ASINE – ont une autre signification plus profonde, reprit-il, si tu les regardes de près, ces lettres te montrent le chemin.

–Quel chemin ?

– Celui de la joie et de l'accomplissement dans cette vie et dans l'autre au paradis.

– C'est ça le trésor qui dépasse toute imagination ? s'enquit Flavia.

– Oui, répondit Vulcain.

– Alors ce n'est pas un vrai trésor !

Elle ne pouvait s'empêcher d'être un peu déçue.

– Bien sûr que si Flavia, toi plus que tous les autres devrais savoir que le plus grand trésor est la connaissance, le savoir. Savoir rencontrer Dieu.

Il s'interrompit pour regarder son père.

– Savoir pardonner, savoir trouver la joie dans un monde de douleurs, c'est bien le plus grand trésor que l'on puisse imaginer. La vie éternelle. Non pas dans un tunnel étroit et sombre mais dans un paradis verdoyant et ensoleillé en compagnie des êtres chers. Quel trésor pourrait être plus précieux que celui-ci ?

Derrière eux, Miriam s'était mise à pleurer.

– Elle est inquiète pour l'oncle Gaïus, expliqua Flavia.

– Où est-il ?

– Il est allé à Pompéi et à Oplontis pour prévenir les habitants de l'éruption du volcan.

– Et il n'est pas encore revenu ?

Flavia secoua la tête.

– Il fait nuit maintenant, murmura Nubia, la nuit inquiète Miriam.

Vulcain regarda longuement Miriam.

– Et toi, tu t'inquiètes pour Clio, n'est-ce pas ? demanda Jonathan à Lupus.

Lupus acquiesça.

Ils restèrent silencieux un moment puis Nubia prit la main de Lupus.

– Tu as donné ta bague-loup à Clio ?

Lupus hocha la tête à nouveau.

Soudain, Tigris gémit et sortit de sous le divan où il s'était réfugié avec Scuto et Nipur. Il trotta jusqu'aux marches et, le museau en l'air, renifla. Jonathan se leva et le suivit.

– Qu'est-ce qui t'arrive, mon garçon ?

Les autres regardèrent dans le noir en direction du volcan.

Et ils virent ce qu'avait remarqué Tigris.

Dans la nuit noir-suie, deux yeux jaunes illuminés par la lumière des torches. Deux yeux jaunes de bête féroce.

Tigris aboya et remua la queue, mais le reste de son corps s'immobilisa presque aussitôt. L'animal s'approchait.

– Ferox ! s'exclama Jonathan, c'est Ferox !

Miriam se leva d'un bond et courut jusqu'aux marches. Puis elle poussa un cri. Ferox était gravement blessé. Une des ses oreilles pendait et sa patte arrière gauche semblait paralysée. L'écume sur ses babines était rouge de sang et sa respiration incertaine. Il leva le museau vers eux et gémit.

–Par le Maître de l'Univers, murmura Mordecaï en s'approchant prudemment pour examiner l'animal blessé.

Ferox gémit à nouveau et remua faiblement la queue.

Mordecaï s'agenouilla près de lui et posa sa main sur son poitrail. Ferox grogna doucement et tressaillit. Mordecaï regarda ses doigts. Ils étaient couverts de sang.

–Ces blessures lui ont été infligées par un homme, lança-t-il sombrement.

–Il a dû vouloir protéger Gaïus, s'écria Miriam.

Elle s'agrippa au bras de son père.

Ferox fit demi-tour puis regarda derrière lui d'un air implorant.

–Il veut qu'on le suive, dit Nubia.

–Pas question que je mette un pied dehors, marmonna Jonathan.

–Oncle Gaïus n'est peut-être pas loin, ajouta la jeune esclave.

–Gaïus ! s'écria Miriam. J'y vais !

Elle descendit les marches en courant, saisit une des torches et se retourna vers les autres. La flamme faisait briller sa chevelure noire. Ses yeux étincelaient au-dessus du foulard qu'elle avait noué sur sa bouche. Elle ressemblait à un bandit magnifique.

–Je viens avec toi, déclara Tascius, il est temps que je montre un peu de courage.

–On vient aussi, proposèrent deux marins.

Ils regardaient Miriam avec respect et alors qu'elle ouvrait le chemin, ils la suivirent sans hésitation.

Sans un mot, Flavia et ses amis se précipitèrent dehors, prirent des torches et s'enfoncèrent dans la nuit.

Les halos de lumière éclairaient la cendre qui n'avait cessé de tomber. Elle flottait autour d'eux comme une neige noire et chaude et étouffait les sons. On n'entendait que le grondement permanent du volcan.

Les poumons pleins de suie, Ferox courait devant, traînant la patte arrière. Il s'arrêtait de temps en temps et gémissait doucement. Nubia lui murmurait des encouragements dans sa propre langue.

Miriam ouvrit la barrière du jardin et avança sur la route.

Le corps de Gaïus gisait près de l'autel dédié à Mercure. Il était déjà recouvert de cendres. Sur la route côtière, une longue file de réfugiés marchait vers le sud.

– Gaïus, cria Miriam, Gaïus, mon amour ! Parle-moi. Dis-moi que tu es toujours en vie !

Elle ôta le foulard de sa bouche. Le visage de Gaïus était couvert de plaies. Il avait le nez cassé et une balafre faite au couteau lui traversait la joue gauche. Un de ses yeux était fermé et sa paupière noire. Mais l'autre cligna et s'ouvrit. Il vit Miriam. Un coin de sa bouche se tordit en une grimace.

Mais Flavia sut que c'était un sourire.

ROULEAU XXXIII

–Je ne sais pas s'il va vivre, prononça gravement Mordecaï. La blessure a été faite par un poignard et lui a transpercé un poumon. Sa patte est cassée et il a été battu. Il a également été mordu par d'autres chiens.

–Mais tu dois le sauver, père ! cria Miriam. Il a sauvé la vie de Gaïus. Sans lui, Gaïus serait mort, étouffé sous la cendre.

Ils étaient revenus dans la salle à manger. Mordecaï, agenouillé sur une couverture étalée sur le sol, examinait Ferox. Jonathan aidait son père.

Gaïus était allongé sur un divan. Il avait mangé du pain et du fromage et avait vidé une coupe de vin additionné d'eau. Miriam nettoyait ses plaies à l'aide d'une éponge de mer imbibée d'eau vinaigrée.

–Il m'a sauvé la vie…

La lèvre de Gaïus était tuméfiée.

–Quatre hommes et un énorme chien. Ils voulaient mon cheval. Ferox a tué le chien et blessé deux des hommes. Je n'ai pas pu me défendre contre les deux autres. Ils m'ont battu et ont pris le cheval.

Il ferma les yeux, épuisé par l'effort. Miriam posa doucement ses doigts fins sur sa bouche abîmée.

–Chut, mon amour, ne parle pas. Père va faire tout ce qu'il peut pour le sauver.

Mordecaï finit de panser les plaies de Ferox et se redressa.

–La seule chose que nous pouvons faire pour lui maintenant est de prier.

Ferox, allongé sur la couverture, haletait. Il leva les yeux vers Mordecaï, puis vers son maître. Il gémit doucement.

–Oui, chuchota Mordecaï, tu l'as sauvé, il est en vie. Tu es un bon chien.

Jonathan se pencha, posa quelque chose dans les plis de la couverture et recula. La queue frétillante, Tigris renifla Ferox et lui lécha le museau avant de se lover contre lui. Ferox posa sa tête sur ses pattes, poussa un profond soupir et s'endormit.

Il était minuit passé quand la montagne explosa.

Hormis Pline, dont chacun pouvait entendre les ronflements sonores en allant ou en revenant des latrines, personne ne dormait. Certains somnolaient dans la salle à manger, les autres discutaient calmement en attendant l'aube.

Soudain, un éclair orange illumina la pièce et un moment plus tard, dans un vacarme assourdissant, la maison se mit à trembler. Le Vésuve crachait lentement une longue colonne de feu. Son sommet avait totalement disparu.

–Par Jupiter, murmura Tascius, la situation s'aggrave.

Un nouveau tremblement secoua la maison et les colonnes se balancèrent d'avant en arrière. Des lampes tombèrent. L'huile brûlante se répandit sur le sol. Une langue de feu serpenta à travers la pièce jusqu'aux marches et s'éteignit.

Jonathan revenait des latrines en titubant entre les colonnes.

–Venez vite ! appela-t-il. La porte de Pline est bloquée.

Mordecaï et Tascius, accompagnés d'une douzaine de marins, se précipitèrent à la suite de Jonathan. Flavia et Nubia les suivirent.

Personne n'avait balayé la cour et elle était maintenant remplie de cendres et de pierres. Flavia en avait presque jusqu'aux genoux. Les marins se frayaient un chemin dans la cendre grise en jurant.

–Ça durcit ! s'écria l'un d'entre eux.

–On dirait du ciment, approuva un autre.

Ils essayèrent d'ouvrir la porte de bois de la chambre de l'amiral sans y parvenir.

–Il doit être terrifié ! s'écria Flavia. Il doit nous appeler depuis des heures !

Un des marins colla l'oreille contre la porte et un autre posa ses doigts sur ses lèvres pour demander le silence. Mais c'était inutile : même avec les grondements du volcan, chacun pouvait entendre les ronflements de Pline.

Au bout d'une demi-heure, les marins avaient déblayé suffisamment de cendre devant la porte. Phrixus s'était réveillé et les avait aidés en poussant la porte de l'intérieur. Elle était suffisamment ouverte pour que l'amiral, avec l'aide de son scribe, puisse passer dans l'entrebâillement.

– Qu'est-ce qui se passe ? grommela-t-il. Qu'est-ce que vous voulez ? Pourquoi m'avez-vous réveillé ?

– Hormis le fait que la montagne est en train de fondre comme un pain de cire au soleil, que la maison est en train de nous tomber dessus et que nous risquons d'être enterrés vivants, on n'a aucune raison, marmonna Jonathan entre ses dents.

– Tu n'as pas senti les secousses ? lui demanda Tascius en aidant son ami à se rendre jusqu'à la salle à manger. Et tu ne vois pas ces flammes qui embrasent le sommet du Vésuve ?

L'amiral regarda la montagne.

– Incendies de maison, lâcha-t-il après un silence.

– Incendies de maison ? ! répéta Mordecaï.

– Évidemment, siffla l'amiral, les paysans sont partis si précipitamment de chez eux, qu'ils ont oublié d'éteindre leur âtre. Ce qui a déclenché ces incendies !

Un éclair illumina le ciel et la silhouette décapitée du Vésuve.

– Et ça ? demanda Aristo.

– Une maison vide enflammée par les pierres brûlantes qui tombent sur son toit. Aucune raison de s'alarmer. Je retourne me coucher et ne me réveillez plus avant l'aube.

Il y eut une nouvelle déflagration et à nouveau le ciel s'embrasa. Au loin, leur parvenaient des cris de détresse.

– Vous voyez, reprit Pline, des paysans couards, rien de plus ! Aucune raison de s'alarmer. Je retourne me coucher…

Soudain, la maison entière sembla balancer sur ses fondations. Ils entendirent un énorme vacarme suivi d'un hurlement.

Gutta, l'esclave, fit irruption dans la pièce.

– Le toit des thermes vient de s'effondrer !

– Quelqu'un a-t-il été blessé ? s'inquiéta Tascius.

– Non, répondit l'esclave avant de s'évanouir.

– Nous devons sortir d'ici avant que la maison ne s'écroule sur nos têtes, déclara Mordecaï en passant une petite bouteille sous le nez de Gutta.

– Et les blessés ? Et les malades ? demanda Pline en désignant Gaïus et Vulcain. Comment vont-ils voyager ?

– Nous n'avons qu'à prendre l'âne de Vulcain, proposa Flavia et vos marins peuvent nous aider à les porter.

– Bon, très bien, répondit Pline en essayant de garder l'équilibre malgré les tremblements. Nous pouvons descendre jusqu'à la plage et voir s'il est possible de partir en bateau.

Il jeta un nouveau coup d'œil au volcan.

– La situation commence peut-être en effet à s'aggraver un peu.

ROULEAU XXXIV

– Miriam, tes cheveux ! hurla Flavia Gemina. Ils prennent feu !

Ils venaient de descendre les marches quand une pluie de pierres enflammées tomba sur eux.

Miriam n'eut pas le temps de paniquer, son père lui couvrit la tête de sa robe et éteignit l'incendie.

– Ça fait mal, Père, sanglota Miriam.

Mordecaï lui prit le bras et la fit rentrer dans la salle à manger. Tout le monde les suivit.

– Vous voyez, lança l'amiral, c'est la mort dehors. Nous ferions beaucoup mieux de rester ici.

– Non, le coupa Mordecaï, nous devons partir ou je perdrai mes deux enfants !

Il désigna Jonathan du menton. Le jeune garçon était très pâle et sa respiration devenait de plus en plus sifflante.

– Vous ne sentez donc rien ? reprit Mordecaï, cette odeur de soufre.

– Je sais… ce que nous pouvons… faire, haleta Jonathan, les coussins… sur nos têtes… pour nous protéger des pierres brûlantes.

Pline le regarda un instant.

– Vous êtes vraiment un jeune homme plein de ressources. À moins que quelqu'un ait une meilleure idée, je suggère que nous nous en tenions à la proposition de Jonathan.

Un coussin de soie déchiré noué sur la tête, deux sur le dos, Scuto ouvrait la marche.

Si la chute silencieuse de flocons de cendre avait pu faire penser à une neige noire, à présent, le volcan était à nouveau en furie. Il grondait plus profondément. Des éclairs de lumière illuminaient régulièrement son sommet conique d'une manière menaçante. Malgré la cendre qui étouffait les bruits, ils entendaient les hurlements des femmes et des enfants et les appels des hommes.

Le petit groupe, coussin noué sur la tête, mouchoir sur le nez, avançait dans le noir vers la jetée privée de Tascius.

Une rangée de torches précédait Flavia. Chacun des quarante marins de Pline, qui marchaient en tête, en portait une. Puis venaient Pline et Phrixus. Gaïus était monté sur l'âne. Miriam et Mordecaï l'encadraient. Les marins avaient fabriqué deux brancards avec les divans : un pour Vulcain, l'autre pour Ferox.

Nubia avait montré à Jonathan comment nouer une écharpe autour de son cou et de son épaule pour porter les chiots, comme le faisaient les femmes de son pays pour leurs bébés. Derrière enfin, avançaient d'un pas hésitant Flavia et Lupus, accompagnés d'Aristo qui portait la vieille Frustilla sur son dos. Gutta fermait la procession.

Malgré toutes les torches, la nuit paraissait à Flavia la plus opaque qu'elle ait jamais vue.

Soudain, à l'avant, les torches cessèrent d'avancer.

– Que se passe-t-il ? appela Flavia en réajustant le coussin sur sa tête.

Une nouvelle pluie de pierres brûlantes s'abattait sur eux.

– Trop agitée, répondit Mordecaï, la mer est trop agitée pour prendre le bateau. Nous devons marcher jusqu'à Stabia.

Flavia n'avait jamais ressenti une telle fatigue. Elle essaya de se concentrer sur ses pieds, de seulement penser à en mettre un devant l'autre. Elle priait Castor et Pollux, Vulcain et le dieu-berger. Elle priait pour qu'elle et ses amis restent en vie.

Plus tôt, dans la matinée, elle s'était sentie pleine d'espoir. Le volcan semblait s'être calmé. La catastrophe qu'ils avaient tous redoutée n'était peut-être pas inéluctable.

À présent, le désespoir l'envahissait. Le soleil aurait dû être levé, mais le ciel était toujours aussi sombre. La chaleur, la nuit et la fatigue l'oppressaient plus que jamais. Elle avait du mal à garder les yeux ouverts.

Maintenant que la procession avait fait demitour, Gutta et Flavia marchaient en tête le long de la plage. Pline et ses marins étaient à l'arrière. Flavia avait l'impression d'avancer depuis une éternité.

La montagne émit un nouveau grondement effrayant et chacun se retourna pour voir quelle nouvelle malédiction leur était envoyée par les dieux.

Ils se trouvaient à plusieurs milles du Vésuve. Pourtant, ils eurent une vision très claire de ce qui se produisit.

De toutes les horreurs dues au volcan, celle-ci fut de loin la plus terrible.

Quand on ajoute de la levure à du vinaigre, il bout et déborde de la coupe. Une coulée de feu s'écoula du sommet du volcan de la même manière. Ce n'était plus une pluie de cendre tombant doucement des cieux ou une lente coulée de lave, mais une marée de flammes qui descendait à la vitesse d'un cheval au galop. Elle incendia les maisons sur son passage, recouvrit les oliveraies, les vignes et laissait derrière elle un paysage en feu.

Une rangée de peupliers explosa et brûla comme des torches. Ils étaient fort loin, mais Flavia put sentir la chaleur qu'ils dégageaient.

–Couchez-vous, hurla Tascius, couchez-vous sur le sable.

Il avait retrouvé sa voix d'officier de l'armée.

Aristo avait déjà descendu Frustilla de sur son dos. Il poussa Flavia et Nubia, face contre le sol. Le coussin de Flavia glissa. Elle essayait de le remettre en place quand une vague les submergea. Une chaleur étouffante, presque insupportable, lui déchira les tympans et lui vida les poumons. Puis, elle passa.

Flavia ouvrit les yeux. Et cria.

Elle était aveugle.

ROULEAU XXXV

Les hommes hurlaient, réclamaient la pitié ou l'aide des dieux. Flavia entendit un des marins de Pline appeler sa mère. Un autre gémissait : « Je veux mourir, je veux mourir ! »

Soudain, une étincelle apparut et se transforma en flamme. Elle éclaira le visage d'Aristo.

Flavia sanglota de soulagement. Elle le voyait, elle n'était pas aveugle. Le souffle d'air chaud avait tout simplement éteint les torches. Aristo avait rallumé la sienne avec une allumette.

Toutes les torches furent bientôt approchées de cette flamme et chacun put se voir à nouveau.

Certains marins n'avaient pas suivi assez rapidement l'ordre de Tascius. La vague de feu les avait renversés sur le sol, écorchant leurs sourcils et rougissant leur visage comme s'ils avaient été brûlés par le soleil.

–Nous sommes à cinq milles de la montagne, souffla Aristo en époussetant les vêtements de Frustilla, imaginez ce que ceux qui se trouvent à son pied ont pu vivre.

–Et ceux qui avaient choisi de fuir en bateau, ajouta sombrement Mordecaï.

Sa barbe avait roussi et les papillotes de chaque côté de son visage étaient carbonisées.

–Nous avons eu de la chance de ne pas être montés à bord du navire de Pline, finalement.

–Tous ceux qui étaient près du Vésuve doivent être morts, murmura Flavia.

Elle se mordit les lèvres en voyant le visage de Lupus.

Tascius fixait la montagne d'un air absent. Si Rectina et ses filles étaient restées à Herculaneum...

Ils étaient sur le point de reprendre leur marche vers le sud quand Nubia saisit la cape de Flavia.

–Attends !

Flavia regarda son amie avec lassitude puis...

Il se passait quelque chose à l'arrière. Un groupe s'était arrêté.

–Que se passe-t-il ? grommela Flavia.

–Le vieil homme, répondit Nubia, Pline.

Les torches s'étaient rapprochées les unes des autres.

–Maître, s'il vous plaît...

La voix de Phrixus était épuisée mais pressante.

Flavia courut vers le groupe. Elle n'avait même plus la force de demander aux autres d'attendre.

La vague de feu semblait avoir purifié l'air et pendant un instant, elle eut moins de mal à respirer. Elle apercevait le groupe dans la lumière vacillante des torches. Quelqu'un avait étalé une couverture sur le sable et Pline était assis dessus. Phrixus était agenouillé près de lui. Son beau visage taché de suie était crispé d'inquiétude. Trois marins, carrés d'épaules, portaient les torches et regardaient l'amiral d'un air impuissant.

Plus loin, sur la côte, une étincelle avait enflammé la voile d'un bateau à l'attache. Le mât prit feu et le navire commença à flamber. L'incendie éclaira le petit groupe sur la plage.

Flavia se laissa tomber sur la couverture près de Pline et lui posa une main sur l'épaule. Le vieil homme leva la tête et lui adressa un faible sourire. Le coussin noir, posé sur sa tête, lui donnait presque un air gai. Il avait arraché le mouchoir de devant son visage et respirait le petit sachet noué en permanence autour de son cou. C'était le même que celui qu'il avait offert à Jonathan. Il contenait des herbes qui soulageaient l'asthme.

Flavia se sentit soudain plus abattue que jamais. Que pouvaient quelques herbes contre ce cauchemar de feu et de gaz nocifs ?

L'amiral essaya de claquer des doigts. Flavia et Phrixus s'approchèrent de lui.

– Que voulez-vous, maître ? demanda Phrixus.

Des larmes coulaient sur ses joues.

– Votre tablette et votre stylet ? proposa Flavia.

Pline lui adressa un nouveau sourire et secoua la tête. Il essaya d'articuler un mot. Flavia et Phrixus approchèrent encore leurs oreilles de sa bouche. Flavia ne parvenait pas à entendre ce qu'il disait mais Phrixus comprit :

– De l'eau, il veut de l'eau fraîche…

Le scribe se redressa et jeta autour de lui un regard désespéré.

– De l'eau, cria-t-il, quelqu'un a-t-il de l'eau ?

Tout le monde secoua la tête. Ils auraient donné tout ce qu'ils possédaient pour rincer par une gorgée d'eau la cendre qui emplissait leur bouche. Cette cendre qui avait le goût de la mort. Flavia vit soudain le visage de Pline se transformer. Il voyait la mort arriver. Phrixus le vit aussi.

– De l'eau, s'il vous plaît de l'eau !

Une silhouette émergea de l'ombre et s'agenouilla près de l'amiral. C'était Gutta, l'esclave de la villa de Tascius. Il déboucha une gourde et versa de l'eau dans la gorge sèche de Pline.

L'amiral saisit le poignet du jeune homme et but l'eau avidement. Puis il hocha la tête pour remercier l'esclave et se coucha sur la couverture.

– Une sieste, je veux faire juste une petite sieste…

Il parvenait maintenant à parler mais sa voix restait à peine audible.

Soudain l'odeur d'œuf pourri prit Flavia à la gorge, l'empêchant presque de respirer. Elle sut qu'ils devaient s'éloigner de ces émanations mortelles. Sinon, ils mourraient.

– Le soufre, cria Tascius, nous devons partir, vite ! Venez, tous !

Phrixus et Gutta aidèrent l'amiral à se relever. Pline s'appuya sur les deux jeunes esclaves. Le coussin sur sa tête avait glissé et pendait sur son oreille.

– Nous devons fuir, maître, l'encouragea Phrixus, le soufre !

Le rideau de cendres se dissipa pendant quelques instants et chacun put voir l'amiral éclairé de rouge et de jaune par l'incendie du bateau sur la côte.

Pline regarda derrière lui et essaya de prononcer quelques mots. Puis il s'affaissa comme une poupée de chiffon, dans les bras de Phrixus et Gutta qui le reposèrent sur la couverture.

Mordecaï s'approcha de lui. Il desserra ses vêtements et posa deux doigts sur son cou. Puis il posa son oreille contre sa bouche.

Enfin, il se redressa et secoua lentement la tête.

Pline était mort.

ROULEAU XXXVI

Ils laissèrent le corps de l'amiral sur la plage. Les émanations de soufre les empêchaient de plus en plus de respirer. Jonathan et Frustilla luttaient à chaque inspiration. Un des marins prit la vieille cuisinière sur son dos et partit en courant, un autre porta Jonathan. Leurs compagnons éclairaient la route. Quelqu'un annonça que le promontoire n'était plus très loin. S'ils parvenaient à l'atteindre, l'air serait plus respirable.

C'était leur dernière chance de survie.

Flavia, morte de fatigue, vécut la suite comme dans une espèce de brouillard. Ils quittèrent la plage et se dirigèrent vers la route côtière ce qui leur permit d'avancer plus vite. Près du promontoire, les émanations de soufre se firent en effet moins denses et les chutes de cendre commencèrent à s'estomper.

Derrière une petite crique, ils tombèrent sur une taverne. Un bateau était amarré tout près. Beaucoup de gens s'étaient abrités là, sous les hautes voûtes de brique. Ils trouvèrent une place contre un mur et se blottirent près d'un filet de pêche enroulé. Flavia avait à peine conscience de la présence de l'âne Modestus à ses côtés.

Puis quelqu'un éteignit toutes les torches sauf une. Flavia s'allongea et tomba dans un profond sommeil.

Après un long moment, Nubia la secoua. Le tenancier de la taverne apportait de l'eau à tous les réfugiés. La petite flamme de sa lampe à huile diffusait un halo dans l'obscurité qui les entourait.

Flavia attendit que Nubia ait fini de boire puis prit à son tour la cruche d'argile. L'eau était froide, pleine d'écume et sentait l'œuf pourri mais Flavia fut enfin débarrassée de ce goût de mort qui lui emplissait la bouche. Vaguement, comme dans un rêve, elle entendit la voix de Mordecaï et son accent agréable :

– Combien pour l'eau ? J'ai de l'or.

– Rien. C'est gratuit, répondit le tenancier.

– Pourquoi ?

– Le Maître de l'Univers a dit : « Si tu donnes, ne serait-ce qu'un verre d'eau, tu en seras récompensé »...

Et elle se rendormit aussitôt.

Elle rêva qu'une pie portait Rectina et ses filles sur son dos, jusqu'au paradis.

Elle rêva de Pline, naviguant sur une tablette de cire dont la voile était une feuille de papyrus. Dans son rêve, il lui fit un signe joyeux avant de s'éloigner vers l'horizon.

Elle rêva de Ferox qui jouait avec Scuto et les chiots dans le jardin ensoleillé de sa villa d'Ostia.

Elle rêva d'un bébé, qui avait les boucles noires de Miriam et les yeux gris de Gaïus.

Elle rêva enfin de Vulcain. Debout à sa forge, le torse plus lisse que du bronze et luisant de sueur. Il semblait heureux. Ses plaies et ses brûlures étaient guéries, son pied bot devenu normal. Il forgeait une armure pour Achille, le guerrier, fils de Thétis. Puis Achille lui-même entra dans la forge et Vulcain lui tendit l'armure de lumière.

Achille la revêtit avant de se retourner vers Flavia pour lui sourire. Soudain, il devint trop brillant pour qu'elle puisse le fixer. Elle plissa les yeux et tenta de distinguer son visage. Il était plus éblouissant que le soleil lui-même. À ce moment, elle s'aperçut qu'il était le soleil.

La nuit sans fin avait pris fin. Le jour était revenu.

– Regardez, s'exclama une voix derrière elle, le soleil !

Flavia serra la main de Nubia.

Ils avaient survécu à l'éruption du Vésuve.

POUR EN SAVOIR PLUS...

III (p. 153) : les Romains utilisent des lettres majuscules pour écrire les nombres. Quelques rappels :

I = 1	VII = 7	XIII = 13	XIX = 19
II = 2	VIII = 8	XIV = 14	XX = 20
III = 3	IX = 9	XV = 15	L = 50
IV = 4	X = 10	XVI = 16	C = 100
V = 5	XI = 11	XVII = 17	D = 500
VI = 6	XII = 12	XVIII = 18	M = 1000.

Chrétiens (p. 70) : dans le roman, la famille de Jonathan mais aussi Frustilla, Xanthus et Vulcain font partie des premiers chrétiens. Leur religion, le christianisme, est née en Palestine, au temps de la domination romaine, il y a 2000 ans. À cette époque, les juifs, seul peuple de l'Antiquité à n'avoir qu'un seul dieu, attendent un « messie », un envoyé de Dieu sur Terre. C'est dans ce contexte qu'intervient Jésus de Nazareth qui se proclame fils de Dieu, venu sur Terre pour sauver les hommes et leur promettre la vie éternelle. Certains juifs reconnaissent en lui leur messie et se convertissent à la nouvelle religion prêchée par Jésus : le christianisme (c'est le cas de la famille de Jonathan). Ils continuent toutefois à observer les coutumes et la pratique juives. Les Romains, qui croient en de nombreux dieux et déesses, n'acceptent pas cette nouvelle religion. L'empereur la condamne et l'interdit. Les premiers chrétiens sont obligés de se cacher. Lorsqu'ils sont découverts, ils sont assassinés ou conduits dans l'arène pour être sacrifiés dans de sanglants combats contre les gladiateurs ou les bêtes sauvages.

Esclave (p. 9) : la société romaine est divisée en deux grandes classes d'individus. Les citoyens sont des individus libres. Ils prennent les grandes décisions qui concernent la cité. Mais ils ne sont pas tous égaux. Les patriciens sont les citoyens les plus riches. Ils occupent des fonctions politiques ou religieuses. Les plébéiens sont les citoyens ordinaires, les plus pauvres. Les esclaves sont pour la plupart des prisonniers de guerre. Certains, achetés pour presque rien, sont utilisés pour les travaux domestiques ou difficiles (dans les champs ou dans les mines). D'autres, acquis à prix d'or, exercent de vrais métiers : banquier, maître d'école, cuisinier... Le maître a tous les droits sur son esclave, y compris celui de vie et de mort. Les enfants qui naissent de parents esclaves le deviennent automatiquement pour toute la durée de leur vie. Ils ont toutefois une chance de sortir de leur condition en achetant leur liberté, en accomplissant une bonne action ou en bénéficiant de la générosité de leur maître. On dit alors qu'ils sont « affranchis ».

Forum (p. 65) : dans les villes romaines, le forum est une immense place où s'organise la vie des habitants. Les citoyens (les hommes libres) peuvent y faire leur marché mais ils s'y réunissent aussi pour parler des problèmes de la cité, pour voter les lois ou les déclarations de guerre ou de paix.

Heures (p. 27) : les Romains comptent les heures du jour à partir de l'aube. En été, quand le soleil se lève à six heures, la cinquième heure correspond à onze heures du matin et la onzième heure à cinq heures de l'après-midi.

Rouleau (p. 32) : le livre, sous la forme que nous lui connaissons aujourd'hui, n'existe pas encore. Les Romains écrivent sur du papyrus (feuille obtenue à partir d'une plante égyptienne du même nom) ou sur du parchemin (de la peau de mouton, de chèvre ou de veau). Ces « feuilles » sont ensuite roulées sur elles-mêmes de gauche à droite (et non pas de haut en bas). L'encre noire est obtenue à partir d'un mélange de suie, de charbon, de résine, de lie de vin et d'encre de seiche. Les rouleaux sont conservés dans des bibliothèques, rangés dans des casiers de bois. Certains livres étaient si longs qu'ils devaient être présentés en plusieurs rouleaux ; *L'Histoire naturelle* de Pline comptait 37 rouleaux !

Les Romains utilisent également des tablettes de bois recouvertes de cire. Pour dessiner ou écrire dessus, on utilise un « stylet », une pointe de métal ou d'ivoire. Le premier livre est inventé par les Romains au Ier siècle après Jésus-Christ. Appelé « codex », il est composé de cahiers cousus entre eux.

Thermes (p. 29) : il existe des thermes privés et des thermes publics. Les termes privés sont rares et ne se trouvent que dans les villas des riches citoyens, comme celles de Tascius ou de Pline. La grande majorité des Romains se rend donc presque quotidiennement dans les établissements de bain publics. Ces lieux sont ouverts à tous : riches ou pauvres, hommes ou femmes. Lorsqu'il arrive aux thermes, le Romain effectue un parcours précis qui le mène à travers différentes salles. Il se rend d'abord au vestiaire, où il dépose ses vêtements. Puis il passe un moment au sauna, une pièce pour transpirer. Il plonge ensuite dans une piscine d'eau chaude où il se savonne avec de l'huile d'olive. Il finit par un bassin d'eau froide. Mais les thermes ne sont pas seulement des lieux où l'on se lave. On peut en effet y faire du sport, se faire masser, aller chez le coiffeur ou encore lire dans les bibliothèques.

Comme il n'y a pas de sources naturelles d'eau chaude à Rome, l'eau des piscines est chauffée par des fours construits sous le sol, dans lesquels les esclaves allument de grands feux.

Vésuve (p. 27) : montagne près de Neapolis. On ne découvrit qu'il s'agissait d'un volcan qu'après sa première éruption. Le 24 août 79 apr. J.-C. cette éruption détruit les villes de Pompéi, Herculaneum et Stabia. Avant cette catastrophe, tout le monde pensait que c'était une simple montagne. Plusieurs sources nous permettent de connaître les circonstances de la catastrophe et la vie des habitants de la baie de Naples en 79 apr. J.-C.

Une grande partie de ces sources provient des fouilles archéologiques des célèbres « villes brûlées » au pied du volcan. Elles nous donnent une idée précise d'une journée sous l'empire romain.

Des preuves écrites ont également été retrouvées : deux lettres du jeune neveu de Pline qui résidait avec son oncle à Misenum au moment où le volcan est entré en éruption.

Différentes théories sont régulièrement émises et révisées par les spécialistes, mais de récentes études tendent à montrer que la plupart des gens ont survécu les douze premières heures de l'éruption. Ce n'est qu'après minuit que les coulées de lave ont commencé à tuer les habitants les plus proches du volcan.

L'amiral Pline a réellement existé, de même que Tascius et Rectina. Ce n'est pas le cas de Vulcain, Clio et Phrixus. L'énigme de Vulcain est également authentique.

Vin (p. 23) : les Romains sont de gros consommateurs de vin. Les manières de le consommer sont diverses mais en général, les vins ne sont pas bus purs. On les coupe avec de l'eau et on y ajoute souvent du miel ou des épices. Conservés dans des amphores, les vins peuvent se garder très longtemps. La région de Pompéi est réputée pour ses vins et les nombreuses tavernes où l'on peut les consommer. En 79 apr. J.-C., l'éruption du Vésuve détruit quelques-unes des meilleures vignes de toute l'Italie.

QUELQUES REPÈRES...

AVANT JÉSUS-CHRIST

753 : Date mythologique de la fondation de Rome par Romulus et Rémus.

750-509 : Rome est gouvernée par des rois sabins puis étrusques.

264-146 : guerres entre Rome et Carthage, puissante cité d'Afrique du Nord. L'un des épisodes les plus célèbres de cette lutte se déroule en 218 : avec une armée d'éléphants, le général carthaginois Hannibal traverse l'Espagne et franchit les Alpes pour attaquer les romains.

44 : Jules César, célèbre conquérant de la Gaule, est nommé consul et dictateur à vie. Il est assassiné par Brutus, son fils adoptif.

27 : début de l'Empire romain.

APRÈS JÉSUS-CHRIST

Ier siècle : persécution des premiers chrétiens. Leur religion est condamnée et interdite par l'empereur.

54-68 : règne de Néron.

69-79 : règne de l'empereur Vespasien.
24 août 79 : éruption du Vésuve.
79-81 : règne de l'empereur Titus.
306-337 : règne de Constantin. L'empereur autorise le christianisme qui devient la religion officielle de l'Empire.
476 : chute de l'Empire romain.

POUR ALLER PLUS LOIN...

Romans et récits

ANDREVON (Jean-Pierre), *Contes et Récits des héros de la Rome antique*, Nathan, 2001.

DEFRASNE (Jean), *Récits tirés de l'Histoire de Rome*, Pocket Jeunesse, 2001.

GONZALEZ (Lola), *Complot à Rome*, Flammarion-Père Castor, 1998.

WEULERSSE (Odile), *Tumulte à Rome*, Hachette Jeunesse, 2001.

WINTERFELD (Henry), *Caïus et le gladiateur*, Hachette Jeunesse, 2001.

Bandes dessinées

DUFAUX (Jean), DELABY (Philippe), *Murena*, Dargaud, 2002.

Tes héros dans l'Histoire

– 3000 av. J.-C   476 apr. J.-C.

Préhistoire | Antiquité | Moye

Rahan
La Guerre du feu

Flavia Gemina

Les chevaliers
Notre-Da

Goscinny (René), Uderzo (Albert), *Astérix*, Albert René, Hachette, 1980-2002.

Martin (Jacques), *Alix*, Casterman, 1975-2000.

Livres documentaires

Casali (Dimitri), Auger (Antoine), *Rome*, coll. « Regard junior », Mango jeunesse, 2001.

Joly (Dominique), Garel (Béatrice), *Romains, Romaines*, coll. « Mégascope », 1998.

Le Fur (Didier), *L'Histoire de Rome*, coll. « Cogito », De La Martinière Jeunesse, 2002.

Meuleau (Maurice), Pommier (Maurice), *Les Romains*, coll. « Explorateur 3D », Hachette Jeunesse, 2001.

Michaux (Madeleine), *Gladiateurs et jeux du cirque*, coll. « Les essentiels Milan junior », Milan, 2001.

Morvillez (Éric), *Rome et son Empire*, coll. « Repères Histoire », Casterman, 1999.

Films

Quo Vadis, Mervyn Le Roy, 1951.

Les Derniers jours de Pompéi, Marcel L'Herbier, 1948

Ben Hur, William Wyler, 1959.

Spartacus, Stanley Kubrick, 1960.

Gladiator, Ridley Scott, 2000.

e | 1492 Époque moderne | 1789 Époque contemporaine

ble ronde | *Les Trois mousquetaires* | *Lucky Luke*

aris | *Le Pacte des loups* | *Harry Potter*

Loi 49-956 du 16 juillet 1949
sur les publications destinées à la jeunesse

Achevé d'imprimer par Novoprint
en Espagne
Dépôt légal : 3e trimestre 2002